Nicolás Gómez
Aufzeichnungen

Romanica

Nicolás Gómez Dávila
Aufzeichnungen des Besiegten
Fortgesetzte Scholien zu einem inbegriffenen Text
(Sucesivos escolios a un texto implícito)

∗

Aus dem Spanischen von
Günter Maschke

∗

Mit einem Nachwort
von Martin Mosebach

MCMXCIV
Wien und Leipzig

Nicólas Gómez Dávila

Aufzeichnungen des Besiegten

*Fortgesetzte Scholien zu einem
inbegriffenen Text*

Karolinger

Erste deutsche Ausgabe.
Die spanische Originalausgabe erschien in der Reihe
„La Granada entreabierta"
Instituto Caro y Cuervo, Santafé de Bogotá 1992

Gesamtherstellung
M. Theiss, Wolfsberg in Kärnten
Printed in Austria

Die Deutsche Bibliothek – CIP-Einheitsaufnahme

Dávila, Nicolás Gómez:
Aufzeichnungen des Besiegten : fortgesetzte Scholien zu einem
inbegriffenen Text / Nicolás Gómez Dávila. [Aus dem Span.
von Günter Maschke]. – Wien : Karolinger, 1994
(Romanica)
Einheitssacht.: Sucesivos escolios á un texto implicito <dt.>
ISBN 3-85418-065-9

© Nicolás Gómez
Deutsche Ausgabe Karolinger Verlag Wien 1992

Inhalt

Aufzeichnungen der Besiegten

7

Martin Mosebach

Ein Besuch bei Nicolás Gómez Dávila

109

Die Geschichte der Ungläubigkeit ist selbst an grotesken Episoden reicher als die religiöse Geschichte.

Die Charlatanerie der Großen fesselte das XIX. Jahrhundert; das XX. Jahrhundert fesseln kleine Scharlatane.

Die Wahrheiten widersprechen einander nur, wenn sie in Unordnung geraten.

Was einer Epoche ästhetisch unmöglich ist, bestimmen nicht gesellschaftliche Kräfte, sondern eine innere Zensur.

Niemals waren die ästhetischen Canones rigider als in unserer Epoche.
Wir erinnern uns an so viele literarische Genres, an so viele begrabene Themen.

Ein großer Schriftsteller ist nicht der, dem es an Mängeln fehlt, sondern der es erreicht, daß seine Mängel nicht wichtig sind.

In den Humanwissenschaften ändert der Demokrat die Methode, wenn ihm eine Schlußfolgerung unbehaglich wird.

Der Geist des Marxisten petrifiziert mit der Zeit; der des Linken wird schwammig und weich.

In wichtigen Dingen läßt sich nichts beweisen, sondern nur zeigen.

Die Unterscheidung zwischen dem wissenschaftlichen und dem emotionalen Gebrauch der Sprache ist nicht wissenschaftlich, sondern emotional.
Man benutzt sie, um Thesen zu diskreditieren, die dem Modernen unangenehm sind.

Wer nicht Augenzeuge einer Revolution war, hat den Menschen nicht ausgemessen.

– Verdankt sich die Reife der *Causeries du lundi* nicht ihrer Nähe zu 1848?

Der moderne Schriftsteller vergißt, daß nur die Allusion der Gesten der Liebe ihr Wesen erfaßt.

Nichts leichter in der Philosophie, als kohärent zu sein.

Der Feind einer Zivilisation ist weniger der äußere Widersacher, als der innere Verschleiß.

Die politischen Irrtümer, die am leichtesten zu verhindern sind, werden am häufigsten begangen.

Der Geschmack des Jungen soll aufnehmen, der des Erwachsenen auswählen.

Im Wiederholen alter Gemeinplätze besteht die eigentliche Aufgabe der Zivilisation.

Die Wahrscheinlichkeit ist die Versuchung, der Amateurhistoriker am leichtesten verfallen.

Die Einsamkeit lehrt uns, intellektuell ehrenhafter zu sein, verleitet uns aber zu größerer intellektueller Unhöflichkeit.

Man gewöhnt sich daran, Rechte zu fordern, um Pflichten verletzen zu können.

Der Unterschied zwischen „organisch" und „mechanisch" in den faits sociaux ist moralisch: das „Organische" ist das Ergebnis zahlloser Akte der Demut, das „Mechanische" folgt aus einem dezisionistischen Akt des Hochmuts.

Wenn selbst die Möglichkeit einer Transzendenz undenkbar wird, bleibt das Denken zwar nützlich, verliert aber jegliches Interesse.

Die gefährliche Idee ist nicht die falsche, sondern die halb richtige.

Die Wahrheit ist weniger eine unpersönliche Behauptung, als eine Art und Weise, zu denken und zu fühlen.

Der Schriftsteller, der sich nicht bemüht, uns zu überzeugen, erspart uns Zeit und überzeugt uns zuweilen.

Die Relativität des Geschmacks ist die Entschuldigung von Epochen, die einen schlechten besitzen.

Nicht immer unterscheiden wir das, was Taktgefühl verletzt, von dem, was unseren Neid erregt.

Die einzige reine Lust ist das Auffinden einer Idee.

In der Geschichte scheinen sich nur zwei Perioden abzuwechseln: eine plötzliche religiöse Erfahrung, die einen neuen menschlichen Typus hervorbringt und dann den Prozeß der allmählichen Demontage dieses Typus.

Wo sich keine Spuren der alten christlichen Barmherzigkeit finden, hat selbst die reinste Höflichkeit etwas Kaltes, Heuchlerisches, Hartes.

Gönnen wir den stupiden Meinungen nicht das Vergnügen, uns zu empören.

Die Reaktionäre bereiten den Dummköpfen das Vergnügen, sich als verwegene Denker der Avantgarde zu fühlen.

Es lohnt nicht, etwas zu schreiben, das der Leser zunächst nicht für falsch hält.

Der Besiegte darf sich nicht mit den möglichen Wiedervergeltungen der Geschichte trösten, sondern nur mit der bloßen Vortrefflichkeit seiner Sache.

Zielen wir hoch, dann gibt es kein Publikum, das beurteilen kann, ob wir getroffen haben.

Die Wissenschaft erzieht nicht, weil sie uns von dem Objekt, das sie untersucht, nur die Art und Weise vermittelt, es zu benutzen.

Die Geschichte des literarischen Genres erlaubt soziologische Erklärungen.
Die Geschichte der Werke erlaubt sie nicht.

Die einzige Überlegenheit, die nicht in Gefahr schwebt, in den Schatten einer neuen Überlegenheit zu geraten, ist die Überlegenheit des Stils.

Abstoßend im Werk des großen Schriftstellers: das Moment, das seine Schüler vorwegnimmt und präfiguriert.

Die profane Beichte reinigt nur den, der über die Gabe des intelligenten Wortes verfügt.

Die Norm des Christentums ist das Christentum selbst.
– Christ sein bedeutet nicht, eines unserer Vorurteile dem Christentum als Norm aufzuerlegen.

Eine Entscheidung, die nicht etwas Verrücktes hat, verdient keinen Respekt.

Gleichgültig auf welchem Gebiet – es geht nicht darum, zu glauben oder zu zweifeln, sondern die genaue Proportion unseres authentischen Glaubens und unseres authentischen Zweifels zu ermitteln.

Nichts, was sich addieren läßt, hat ein Ende in Fülle.

– Das Wichtige ist eine inkommensurable Fülle.

Wer lange Jahre lebt, assistiert der Niederlage seiner Sache.

Wer am Wert seiner Sache nicht zweifelt, braucht nicht zu gewinnen.
Der Wert der Sache ist sein Triumph.

Einflüsse bereichern nur originäre Geister.

Wer sich nicht als Erbe selbst seiner geistigen Widersacher fühlt, empfängt nicht einmal seinen Pflichtteil.

Was Wert besitzt, unterscheidet sich vom Wertlosen gerade durch den Wert.

Die philosophischen Probleme lösen sich zuweilen, indem sie den Ort wechseln.
Ein metaphysisches Problem wird psychologisch; ein psychologisches Problem wird metaphysisch.

Ein Manifest, das von mehr als drei Personen unterzeichnet wird, ist nur ein weiteres Beispiel der immer gleichen Idiotie.

Die perfekte Anpassung des Objekts an seinen Zweck wird, entgegen dem modernen Vorurteil, stets mit der Abwesenheit des Stils bezahlt.

Die gewohnten Faktoren können das Erscheinen neuer kollektiver Mentalitäten nicht erklären.
Man sollte den geheimnisvollen Begriff der Mutation in die Geschichtsschreibung einführen.

Was Wert hat, dürfen wir nur um dessentwillen ermuntern, was ihm Wert gibt.
Das Gute wegen des Guten, die Wahrheit wegen der Wahrheit, die Kunst wegen der Kunst.

Seit der Romantik hat die Literatur den Vers als autonome literarische Kategorie vergessen, geschieden von Poesie und Prosa.
Den Vers von Horaz, Boileau, Pope.

Eine Erklärung zu suchen für das, was sich als Mysterium proklamiert, ist der Prolog zur häretischen Abirrung.
–Begnügen wir uns mit einem christlichen Empirismus.

Es gibt Probleme, die wir als Probleme durchleben müssen und Probleme, die wir als Einladung, sie zu lösen, durchleben müssen.
Christ sein heißt, den Takt der Unterscheidung zu besitzen.

Um zu erneuern ist es nicht nötig, zu widersprechen; es genügt, zu vertiefen.

Der Liberale täuscht sich stets, weil er nicht zwischen den Konsequenzen unterscheidet, die er seinen Vorhaben zuschreibt und den Konsequenzen, die sie tatsächlich haben.

„Einer Generation angehören" ist weniger eine Notwendigkeit, als eine Entscheidung gewöhnlicher Seelen.

Was die Imagination nicht vervollständigt, ist bloßes Fragment der Wirklichkeit.

Vom Christentum bleibt nichts übrig, wenn der Christ sich anstrengt, der Welt nicht töricht zu scheinen.

Zu verlangen, daß das Christentum keine absurden Forderungen erhebe, heißt ihm den Verzicht auf die Forderungen zuzumuten, die unser Herz bewegen.

Es gibt immer mehr Leute, die sich einbilden, Feinde Gottes zu sein, und die dabei nur die Feinde des Mesners sind.

Der gewöhnliche Mensch lebt unter Phantomen, nur der Einsame bewegt sich zwischen Wirklichkeiten.

An die Stelle der sinnenhaften konkreten Wahrnehmung des Objekts dessen intellektuell abstrakte Konstruktion zu setzen, läßt den Menschen die Welt gewinnen und die Seele verlieren.

Für den Betrachter sind nicht die Leinwand und die Farbpigmente die Wirklichkeit, sondern das Bild.

Was nach seiner Handhabbarkeit definiert wurde, hört auf, konkret wahrgenommen zu werden.

Allein das Unerwartete befriedigt vollständig.

Ein Buch ist medioker, wenn es gelingt, seine Vorzüglichkeit zu definieren.

Das Gesetz ist die einfachste Methode, die Tyrannei auszuüben.

Die reaktionären Texte scheinen den Zeitgenossen obsolet und sind von überraschender Aktualität für die Nachwelt.

Alles physisch Mögliche scheint dem Modernen sofort moralisch plausibel.

Das gute Buch von gestern scheint nur dem Ignoranten schlecht zu sein; das mediokre Buch von heute kann selbst den kultivierten Leser täuschen.

Es gibt weniger lesbare Bücher als Bücher, die es wert sind, gelesen zu werden.

Jede Metaphysik muß mit Metaphern arbeiten und fast alle enden damit, über Metaphern zu arbeiten.

Die Epochen der sexuellen Befreiung führen die reichen Modulationen der menschlichen Sensualität auf einige spasmische Schreie zurück.

Weder in der Natur, noch in der menschlichen Natur gibt es Spuren von Normen.
– Die Normen entstehen durch Einmischungen des Willens.
Eines der Wahrnehmung eines Wertes unterworfenen Willens.

Das individuelle Gewissen ist der Stein des Anstoßes für den metaphysischen Idealismus.

Die Existenz des Kunstwerks beweist, daß die Welt Bedeutung hat.
– Auch wenn es nicht sagt, welche.

Verstehen dürfte darin bestehen, zu verstehen, daß wir nicht verstanden haben, was zu verstehen wir geglaubt haben.

Allein die Kontemplation des Plötzlichen rettet uns vor dem Überdruß in diesem unbegreiflichen Universum.

Das Gewicht dieser Welt läßt sich nur tragen, wenn man niederkniet.

Die Philosophen dürften größeren Einfluß ausüben durch das, was sie scheinbar gesagt haben als durch das, was sie tatsächlich sagten.

Eine bestimmte Art der kultivierten Allusion läßt den Halbgebildeten erkennen.

Nur der intelligente Mensch und der Einfältige verstehen es, seßhaft zu sein.
Die Mediokrität ist unruhig und reiselüstern.

„Pars Dei" – das Gift des Stoizismus und seiner Weiterungen läßt sich in zwei Worte fassen.

Wer ohne irgendein Talent geboren wurde, dem sollte man eine wissenschaftliche Karriere anraten.

Der Common sense ist das Vaterhaus, in das die Philosophie in regelmäßigen Abständen heimkehrt, ausgemergelt und hohlwangig.

Die äußerlichen Attribute des Genies schmücken meist die Mittelmäßigen.

Der Moderne tauscht die Imitation Christi mit der Parodie Gottes.

Der heutige Mensch bewundert nur hysterische Texte.

Der Mensch kompensiert die Solidität der Gebäude, die er auftürmt, mit der Brüchigkeit der Fundamente, auf denen er sie errichtet.

Mutig und kühn ist das Denken, das den Gemeinplatz nicht verschmäht.

Die Geschicklichkeit des intelligenten modernen Staatsmannes beschränkt sich darauf, der Katastrophe so langsam wie nur möglich entgegenzugehen.

Gewisse intelligente Texte sind endgültig wie ein Kunstwerk.

Die griechische Spur verliert sich nicht dort, wo die mythologischen Allusionen aufhören, sondern dort, wo die Grenzen des Menschen vergessen werden.

Nichts ist so verhängnisvoll für die Kunst, wie der Enthusiasmus des Publikums.

Das politische Naturell überschreitet die sozialen Kategorien: es gibt Reaktionäre in Lumpen und gekrönte Linke.

Die metaphorischen Nomenklaturen (z. B. sozialer Körper – Elektronengehirn – usw.) versorgen den Schwachsinnigen mit Lösungen und Rätseln.

Die vulgäre Meinung ist nicht einfach die Meinung des Pöbels, sondern eines Pöbels, der beansprucht, keiner zu sein.

Um die Revolution zu verabscheuen, muß der intelligente Mensch nicht darauf warten, daß die Gemetzel beginnen.

Der Nächste irritiert uns durch die Parodie unserer Mängel.

Die Dimensionen der physischen Welt machen es unwichtig, ob sie für uns kommensurabel sind.
Vor der absoluten Bedeutungslosigkeit rettet uns nur das Inkommensurable: eine ästhetische Impression, eine Geste der Barmherzigkeit, das Licht eines Augenpaares.

Die Presse der Linken fabriziert für die Linke die großen Männer, welche Natur und Geschichte ihr verweigern.

Die Art der Apologie, die Chateaubriand schlecht praktizierte – auch wenn er sie erfand –, ist die einzig wirksame. Nicht, weil sie die Wahrheit des Christentums beweist, sondern weil sie der porösen Seele dessen Evidenz zurückbringt.

Die Häßlichkeit der heutigen Stadtlandschaft klagt weniger den modernen Urbanismus als die moderne Seele an.

Die autonome Ethik ist der perfekte Ausdruck der klassischen Anmaßung der Mittelschicht.

Jede Grenze ist Zone unmerklichen Übergangs.

Eine kommunistische Gesellschaft paralysiert sich intellektuell durch wechselseitigen Terrorismus.

Indizien der Zivilisation sind allein die Klarheit, Deutlichkeit, Ordnung und die guten Manieren der Umgangssprache.

Die Philosophie, die sich technifiziert, gewinnt nicht an Gewißheit, sondern an Nicht-Intelligibilität.

Der Moderne leugnet den Wert des Schweigens.
– Er leugnet, daß es viele Dinge gibt, von denen sich nicht sprechen läßt, ohne daß man sie verunstaltet.

Jede strikte Klassifikation einer historischen Tatsache verfälscht.

Wenn man sagt, jemand „gehöre seiner Zeit" an, sagt man lediglich, daß er mit der Mehrheit der Trottel in einem bestimmten Moment übereinstimmt.

Dem der Erläuterung bedürftigen Symbol mangelt es an Bedeutung: im Symbol muß sich eine letzte Erfahrung formulieren.

Die Atomisierung der Gesellschaft leitet sich aus der modernen Organisation der Arbeit ab: wo niemand weiß, für wen er arbeitet, weiß niemand, wer für ihn arbeitet.

Klassisches Spanisch bedeutet, mit geringen Ausnahmen: das Buch ist unlesbar.

Alle evolutionistische Philosophie verkommt leicht zu religiösem Emanationismus.

Die Soziologie jeder Kunst ist verschieden.
– In der Malerei etwa gibt es „Schulen" und „Stile", in der Literatur zählen nur Individuen.

Am offensichtlichsten in jedem modernen Unternehmen ist die Diskrepanz zwischen der Ausgedehntheit und Kompliziertheit des technischen Apparats und der Bedeutungslosigkeit des Endprodukts.

Wenn ihr „Aufstieg" beendet ist, wird die Menschheit dem Überdruß begegnen, der auf dem höchsten Gipfel sitzt und sie erwartet.

Von zwei literarischen Kritikern, die dasselbe sagen, mag uns der eine unlesbar und stupid erscheinen, der andere genußreich und scharfsinnig.
Die Kunst der Kritik ist untrennbar von der Persönlichkeit des Kritikers.

Der Subjektivismus ist die Garantie, die der Mensch sich erfindet, wenn er aufhört, an Gott zu glauben.

Die permanente Möglichkeit, kausale Serien in Gang zu setzen, nennen wir Person.

Das Buch, das den Experten nicht ein wenig verärgert, besitzt kein Daseinsrecht.

Die beiden Pole sind das Individuum und Gott; die beiden Antagonismen sind Gott und der Mensch.

Ein ehrsamer Philosoph läßt nicht zu, daß sein Lehrstuhl für ihn denkt.

Die Irreduzibilität der philosophischen Haltungen erheischt, daß die Geschichte der Philosophie nicht länger im hegelschen Klima geschrieben wird.

Trotz seiner rebellischen Rhetorik versöhnte sich der zeitgenössische Künstler mit seinem Jahrhundert.
– Die moderne Kunst verkauft sich, weil sich der Künstler verkaufte.

Die meisten Zivilisationen haben nichts hinterlassen als eine Schicht von Trümmern zwischen zwei Schichten Asche.

Die philosophische Intelligenz hebt uns in eine reinliche Zone der Ideen, die literarische Intelligenz läßt uns eintauchen ins Fruchtfleisch der Evidenzen.

Kein Politiker kann die Wahrheit sagen, wo ein Wahlvolk aufmerksam zuhört.

Was sich technifiziert wird praktisch, hört jedoch auf, interessant zu sein.

Verwechseln wir nicht das Mysterium mit dem Unerklärlichen. Vielleicht handelt es sich bloß um das Unerklärte.

Die Natur der Ursache aus der Art der Wirkung zu schließen, führt in der Geschichte dazu, die zufälligerweise intelligenten Konsequenzen stupider Handlungen schlauen Machinationen zuzuschreiben.

Um ein Buch auf angemessene Weise zu lesen, muß man zu seiner Familie gehören.

Der ästhetische Relativismus ist eine irrige These, war jedoch ein gerechtfertigter Protest gegen einen unzulänglich universalen Begriff der Schönheit.

Sich in den Humanwissenschaften zu spezialisieren müßte dem untersagt werden, der sich nicht zuvor als Historiker bewährte.

Der Historizismus unterdrückt falsche Absolutheiten, blockiert jedoch nicht die Suche nach absolut Authentischem.

Vom großen Philosophen überleben einzig die Treffer; vom subalternen Philosophen schwimmen nur die Irrtümer obenauf.

Die einzigartigen Ziele, die die Philosophen der menschlichen Geschichte zuschreiben müssen, erregen allesamt Überdruß und sind verhängnisvoll.

Gäbe es keine Transzendenz, würde die Industrialisierung der Erde der lächerliche Höhepunkt der Geschichte sein.

Ergibt sich die Notwendigkeit, die Freiheit einzuschränken, um andere Werte zu retten, darf dies nicht heuchlerischerweise im Namen der „wahrhaften Freiheit" geschehen.
–Man kann mit reinem Gewissen illiberale Maßnahmen ergreifen, weil die Freiheit nicht der höchste Wert ist.

Das Reaktionäre an Mills *Essay on Liberty* verhindert sein Welken.

Die Freiheit berauscht den Menschen als Symbol der Unabhängigkeit Gottes.

Wenn die Konjunktur es nicht erzwingt, gibt es keinen Juden auf Seiten der radikalen Linken.
– Das Volk, das den göttlichen Absolutismus entdeckte, paktiert nicht mit dem Absolutismus des Menschen.

Nicht der vage Begriff des „Dienstes" ist es, der Respekt erheischt, sondern der konkrete Begriff des „Dieners".

Ein großer Künstler triumphiert, gleichgültig, mit Hilfe welcher ästhetischen Theorie er beäugt wird.

Wirklich niederträchtig ist, wer nur Gleichgestellte erträgt, wer nicht mit Eifer Überlegene sucht.

Selbst wenn sie kein Akt der Vernunft sein kann, muß die Entscheidung ein Akt der Intelligenz sein.
Es gibt keine rational beweisbaren Entscheidungen, doch es gibt stupide Entscheidungen.

Wo selbst die Spuren des feudalen Nexus verschwinden, würden die zunehmende soziale Einsamkeit und seine wachsende Schutzlosigkeit das Individuum rasch in eine totalitäre Masse einschmelzen.

Die Historiographie benötigt ein Repertoire metaphysischer Kategorien.
– Der vulgäre Nominalismus erklärt nicht einmal das trivialste Ereignis.

Die Thesen, die der Marxist „widerlegt", erwachen hinter seinem Rücken zu neuem Leben.

Die „Freiheiten" sind umgrenzte Einfriedungen, innerhalb derer sich das Individuum ohne Zwang bewegt; die „Freiheit" hingegen ist ein metaphysisches Prinzip, in dessen Namen eine Sekte beansprucht, anderen die Ideale ihres Gebarens aufzuzwingen.

Wenn der Tyrann das anonyme Gesetz ist, fühlt sich der Moderne frei.

Jede Gruppierung, die nicht rein autoritär ist, d. h. jede Gruppierung, in der zwischen Hohen und Niederen wechselseitige Verpflichtungen bestehen, nimmt semi-feudale Formen an.

Die Parlamente im modernen Staat sind feudale Überbleibsel, die verschwinden werden.

Wenige Ideen, die nicht vor einem festen Blick erbleichen.

Wo die technische Lösung nicht perfekt sein kann, wird sie, weil sie den empirischen Takt ersetzt, Katastrophen vorbereiten.

Nur wenn im Verhalten des Individuums antidemokratische Elemente vorherrschen, münden die Demokratien nicht im Despotismus.

Die Wahrheit ist niemals eine endgültige Eroberung; sie bleibt stets eine zu verteidigende Stellung.

Bestimmte Arten von Prosa erscheinen nicht wie Etappen in der Geschichte einer Sprache, sondern wie Kristallisationen einer Sprache außerhalb der Zeit.

Der Relativist relativiert selten sich selbst.

Das Kriterium des „Fortschrittes" ist, vergleicht man zwei Völker oder zwei Epochen, die größere Fähigkeit zum Töten.

Die literarischen Schulen differieren mehr in ihrem Scheitern, als in ihrem Gelingen.
Jede neue Schule erfindet als erstes eine ungewöhnliche Art, mediokrer zu sein.

Der Reaktionär ist nicht ein excentrischer, sondern ein unbestechlicher Denker.

Im Schatten des genialen Malers mögen Dutzende begabter Maler heranwachsen; der Schatten des großen Poeten hingegen ist tödlich.

Es mag vergeblich sein, etwas Gegenwärtiges im Namen von etwas Vergangenem zu kritisieren; dasselbe im Namen der Zukunft zu tun, dürfte in Lächerlichkeit enden, wenn diese Zukunft da ist.

Der Mythos gerät ins kritische Alter, beginnt man, seinen literarischen Text von seiner Wahrheit zu unterscheiden.

In der modernen Gesellschaft gibt es keine reichen Klassen, sondern nur sich bereichernde Individuen.

Die explizite Reaktion beginnt gegen Ende des 18. Jahrhunderts, die implizite Reaktion begann mit der Ausstoßung des Teufels.

Die Freiheit ist nicht intelligibles Attribut des Aktes, sondern Bedingung seiner Intelligibilität.

Die Epochen, in denen Mehrheiten befehlen, sind Übergangsperioden zwischen Epochen, in denen Minderheiten regieren und Epochen, in denen Minderheiten unterdrücken.

Den modernen Menschen bewegen nicht Hunger und Liebe, sondern Geilheit und Gefräßigkeit.

Der Kritiker trifft nur, wenn er ein glückliches Adjektiv erfindet.

Die Poesie unterscheidet sich in den verschiedenen Epochen gemäß dem poetischen Element, das in der jeweiligen Epoche vorherrscht: dem musikalischen, intellektuellen oder plastischen.
– Der naive Leser neigt dazu, als poetisch nur das Element zu betrachten, das in der Poesie seiner Zeit vorherrscht.

Die Welt füllt sich mit Widersprüchen, vergessen wir, daß die Dinge einen Rang besitzen.

Der lautere Schriftsteller ist ein vorzüglicher Wohltäter, – lehre er, was er lehre.

Die vergangene Literatur, die keinen Einfluß auf die neueste hat, scheint dem Dummkopf wertlos.

Die Bekanntheit eines Künstlers unter seinen Zeitgenossen ist eher von der ästhetischen Doktrin, die er verkörpert, abhängig, als vom Wert seines Werkes.

Die „moderne Kunst" scheint noch zu leben, weil sie nicht ersetzt wurde; nicht, weil sie nicht gestorben ist.

Das Offenkundigste der „menschlichen Errungenschaften" ist ihre Trivialität.

Das reaktionäre Denken wurzelt nicht im Mißtrauen gegenüber der Vernunft, sondern im Mißtrauen gegenüber dem Willen.

Die intellektuelle Konfusion entspringt der Neigung, eine Idee zu extensivieren, anstatt eine extensive Idee zu suchen.

Bis zum Ende des 18. Jahrhunderts steigerte der Mensch die Schönheit der Natur durch das, was er ihr hinzufügte.
– Was er ihr seitdem hinzufügt, zerstört sie.

Nichts können wir auf die Güte des Menschen bauen; doch nur mit ihr können wir bauen.

Nachdem sie ein Problem gelöst hat, wähnt die Menschheit, in analogen Lösungen den Schlüssel zu allen Problemen zu finden. Jede authentische Lösung schleppt einen Rattenschwanz grotesker Lösungen mit sich.

Dem Pöbel läßt sich nichts lehren, außer wenn man ihn bei seinen Gelüsten, seiner Habsucht, seiner Furcht packt.

Nur der Besiegte ringt sich zu gesunden Anschauungen von der Natur der Dinge durch.

Der erlernte gute Geschmack bringt einen schlechteren Geschmack hervor, als der spontan schlechte Geschmack.

Werte einer Prüfung zu unterziehen ist unmöglich und überflüssig.
– Da die Prüfung davon abhängt, daß der Wert wahrgenommen wird, ist sie nicht möglich, wenn die Wahrnehmung fehlt und sie ist überflüssig, wenn die Wahrnehmung besteht.

Der Terrorist ist der Enkel des Liberalen.

Die größten literarischen Triumphe sind zuweilen Nachhutgefechte (Jane Austen etwa oder Proust).

Die Christenheit driftet in ein bourgeoises Christentum ab, wenn das Mönchswesen geschwächt wird, das ihr Anker war. Als man Feuer an die Klöster legte, entstand jenes Christentum, das Kierkegaard entlarvte.

Der Klassengegensatz im modernen Staat ist weniger der zwischen Bourgeoisie und Proletariat, als der zwischen der Klasse, die Steuern zahlt und der Klasse, die von den Steuern lebt.

Zwischen dem Skeptizismus und dem Glauben bestehen gewisse Übereinstimmungen: beide unterminieren die menschliche Anmaßung.

Gegenüber den verschiedenen „Kulturen" gibt es zwei symmetrisch irrige Haltungen: nur einen einzigen kulturellen Patron zuzulassen oder allen Patronen identischen Rang zuzugestehen.
– Weder der dünkelhafte Imperialismus des europäischen Historikers von gestern noch der schamlose Relativismus des heutigen.

Die Religion ist weder Konklusion aus Vernunftgründen, noch Erfordernis der Ethik, noch Stadium der Sensibilität, noch Instinkt, noch soziales Produkt.
– Die Religion hat keine Wurzeln im Menschen.

Die moderne Welt ist weniger eine Schöpfung der Technik als der Habgier.

Auf den Höhen der französischen Literatur wurde für den bereits erzogenen und kultivierten Leser geschrieben.
– Fast alle übrigen Schriftsteller leiden an Reformismus und Pädagogik.

Die Versuchung des Klerikers: die Wasser der Religion in das Sieb der Theologie zu füllen.

Die Ironie der Tatsachen wird besser durch die Einmischungen der Vorsehung erhellt, als durch das Prinzip der Finalität.

Indem sie ihre Macht ausweitet, vervielfacht die Menschheit ihre Knechtschaften.

Heine verriet das Geheimnis der Demokratie: *Wir kämpfen nicht für die Menschenrechte des Volkes, sondern für die Gottesrechte des Menschen.**

Damit die alt gewordene Wahrheit ihre Frische wiedererlangt, genügt es, sie mit einem neuen Irrtum zu konfrontieren.

Es gibt unzählige Weisen, gut zu schreiben, während alles schlecht Geschriebene Familienähnlichkeit besitzt.

Im intellektuellen Arzneimittelbuch gibt es Gifte, die kurieren und Heilmittel, die töten.

Der Augenblick kommt, in dem es nur noch darauf ankommt, Gott aufzulauern.

Die literarischen Wunder überschreiten selten Konstellationen von dreißig Wörtern.

Die Macht nicht zu verleumden, aber ihr tief zu mißtrauen, kennzeichnet den Reaktionär.

Die Geschichte stellt zu viele nutzlose Leichen zur Schau, als daß es möglich wäre, ihr irgendeine Finalität zuzuschreiben.

Das Kunstwerk ist nicht vorhersehbar.
– Es muß sich verwirklichen, um seine Möglichkeit zu beweisen.

Ohne literarisches Talent verfälscht der Historiker unvermeidlich die Geschichte.

---

* Im Original deutsch. (D. Übers.)

Wenn der Relativist die sozialen Bedingtheiten einer Präferenz erkannt hat, wähnt er, das Problem ihres Wertes gelöst zu haben.

Der Dummkopf sucht das Geheimnis des Genius in Schwächen, die das Genie mit allen teilt.

Es gibt Unwissenheiten, die den Geist reich machen und Kenntnisse, die ihn arm machen.

Ein hoher „Intelligenz-Quotient" ist Indiz für distinguierte Mediokrität.

Die moderne Maschine ist jeden Tag komplexer, der moderne Mensch jeden Tag elementarer.

Ökonomische Forderungen, Feindschaften zwischen sozialen Klassen, religiöse Zerwürfnisse, sind wohl nichts anderes, als bloße Vorwände eines instinktiven Hungers nach Konflikten.

Die Predigt des *Enrichissez-vous* bewegt, weil sie die Verheißung der Erlösung parodiert.

Man begann damit, die liberalen Institutionen demokratisch zu nennen und man endet damit, die demokratischen Knechtschaften liberal zu heißen.

Die Metapher erlaubt dem Poeten, Trivialitäten auszusprechen, ohne daß sie entdeckt werden.

Nichts ist wichtig genug, als daß es nicht wichtig wäre, wie es geschrieben ist.

Das Judentum adelte die Geschichte, indem es ihr das Gift theologischer Konflikte einflößte.

Der Historiker neigt dazu, in der Gewißheit einer historischen Feststellung das einzige Kriterium ihrer Wichtigkeit zu sehen.

– Triumph der Genauigkeit und der Trivialität.

Interessante Autobiographien würden überhandnehmen, wäre das Schreiben der Wahrheit kein ästhetisches Problem.

Das Leben ist ein täglicher Kampf gegen die eigene Stupidität.

In den Humanwissenschaften darf man nur verallgemeinern, um besser zu spezifizieren.

Eigentlich verallgemeinert der Historiker nicht: er identifiziert nur ausgedehntere Körper als die üblichen aus Fleisch und Knochen.

Die Liebe benutzt das Vokabular des Sexus, um einen für den Sexus allein nicht verstehbaren Text zu schreiben.

Im Christentum ist die Vergangenheit gegenwärtig wie in einem individuellen Bewußtsein.

Die Dinge realistisch anzugehen, setzt eine gewisse Niedrigkeit der Seele voraus.

Unter „vernünftigen" Personen wird die Tragödie zum Problem erniedrigt.

Je einfacher eine Wahrheit, desto schwieriger, sie zu verstehen.

Selbst bei unterschiedlichen Interessen besitzen heute alle die gleichen Überzeugungen.

Den Schrecken vor der Formel in eine Formel verwandelt zu haben, kennzeichnet die moderne Kunst.

Das sich beklagende und bejammernde Genie vergißt, daß es sich das Unglück der Mediokrität erspart hat.

Die moderne Mentalität ist die Tochter des von der Werbung aufgeblasenen menschlichen Stolzes.

Die Zivilisation ist eine Episode, die mit der neolithischen Revolution geboren wurde und mit der industriellen Revolution stirbt.

Das Dilemma „natürlich-künstlich" ist nicht erschöpfend: der axiologische Imperativ entkommt dem Dilemma.

Zu glauben, daß eine offenkundige Wahrheit, klar ausgedrückt, überzeugt, ist nur ein naives Vorurteil.

Was von Gott trennt ist weniger die Sünde, als der Wunsch, sie zu rechtfertigen.

Die grundsätzlichen Probleme einer Epoche waren nie Thema ihrer großen literarischen Werke.
– Nur die ephemere Literatur ist „Ausdruck der Gesellschaft".

„Klassenbewußtes Proletariat" heißt im marxistischen Vokabular: Volk, das zu bourgeoisen Idealen konvertierte.

Wer Chancengleichheit fordert, hört damit auf, wenn das Schenken bestraft wird.

Ich strebe nicht nach Originalität: der Gemeinplatz, falls er alt ist, reicht mir.

Die politischen Plattformen der Linken verwandeln sich unmerklich in Blutgerüste.

Was den gebildeten Menschen vom ungebildeten unterscheidet, ist seine Art und Weise des Nichtwissens.

Manche Tugenden verleihen der Seele einen feinen Duft, während andere nur distanzierte Bewunderung wecken.

Bestimmte menschliche Qualitäten verändern die Bedeutung, wechseln sie den Rang.

Das Triviale stirbt rasch, doch die Trivialität ist unsterblich.

Die „Erklärung" muß nicht zutreffend sein, um den Dummkopf zu beruhigen.

Zum Schluß besteht die „Erklärung" darin, ein ungewöhnliches Geheimnis in einem vertrauten Geheimnis aufgehen zu lassen.

Zugleich mit der Intelligenz nimmt das Unbegreifliche zu.

Die Beschreibung beschreibt nichts, wenn sie sich nicht in Allusion verflüchtigt.

Nur bei der Verteidigung unserer subalternen Überzeugungen besitzen wir einen Überfluß an Argumenten.

Die Leute empören sich nicht wegen des bloßen Irrtums, sondern wegen des Irrtums oder der Wahrheit, die nicht en vogue sind.

Was man außerhalb seiner Tradition zu verstehen meint, kennt man immer nur schlecht.

In dem Maße, in dem die Weltkenntnis des Menschen gewinnt, nimmt seine Kenntnis des Menschen ab.

Die Aufrichtigkeit, die sich nicht im Sakrament der Beichte äußert, ist Mittel der Demoralisierung.

Der Mensch entflieht seinem Gefängnis der Widersprüche nur durch einen vertikalen Akt: dem Glauben.

Nichts erregt mehr wechselseitige Verachtung, als die Verschiedenheit der Zerstreuungen.

Das Vertrauen in die Maschine verdummt, weil es den Menschen glauben macht, er lebe in einem intelligiblen Universum.

Gott hat nicht Objekt der Spekulation zu sein, sondern der Anbetung.

Heute gibt es weder Oberschicht noch Volk; nur arme Plebs und reiche Plebs.

Das katholische Dogma konstatiert eine geheimnisvolle Tatsache; es entwirft keine Erklärung.

Vom täglichen Überdruß befreien uns nur das Ungreifbare, das Unsichtbare, das Unaussprechliche.

Der Philosoph gerät leicht aus dem Gleichgewicht; nur der Moralist verliert die Urteilskraft.

Die Seelen, die das Christentum nicht erreicht, reifen nie.

Die Gesellschaft hat an Vulgarität gewonnen, was sie an Pittoreskem verloren hat.

Das Ungefähre und das Genaue sind nicht besser oder schlechter bekannte Zonen, sondern Zonen unterschiedlicher Struktur.
Es gibt die Zone, in der der gute Wille und die Zone, in der allein die Gewißheit zählt.

Nur was ein wenig *démodé* geboren wird, überlebt.

Die Geschichte des Dogmas erzählt vor allem von den Anstrengungen der Kirche, das Verdunsten der Lehre in Metaphysik zu verhindern.

– Weder in Nicaea noch in Chalcedon ging es um Theorien: die Kirche grenzte ein Mysterium ein.

Die Wörter sind die wahren Abenteuer des authentischen Schriftstellers.

Durch Indizien läßt sich nichts Wichtiges feststellen.
– Vom Wichtigen kann man nur eine direkte Kenntnis haben.

Gott ist das unendlich Nahe und das unendlich Ferne; von Ihm läßt sich nicht aus mittlerer Distanz sprechen.

In den Widersprüchen zwischen den menschlichen Torheiten liegt die einzige Hoffnung auf eine Reform der Gesellschaft.

Tun, was wir tun müssen, ist der Inhalt der Tradition.

Wer auf dem Grunde seiner Seele nicht Gott sucht, wird dort nichts vorfinden als Schlamm.

Eine weise Rhetorik beschränkt sich auf einige wenige elementare Gebote.

Der Augenblick entscheidet, ob der wichtigste Ort der Erde ein Palast, ein Schweinestall oder eine Gefängniszelle ist.

Es ist leichter, die christlichen Wahrheiten zu verteidigen, als die Argumente ihrer Apologetiker zu verteidigen.

Die „sexuelle Befreiung" erlaubt dem modernen Menschen, die vielen anderen Tabus zu übersehen, die ihn regieren.

Wer sich damit abmüht, schwachsinnige Argumente zurückzuweisen, wird es am Ende mit ebenso stupiden Gründen tun.

Es wurde noch kein Schriftsteller geboren, der nicht zu viel geschrieben hätte.

Ohne ästhetische Transfiguration ist jede Realität gemein.

Die Wahrheiten sterben nicht, doch sie welken zuweilen.

Der moderne Klerus behauptet, das Christentum beanspruche, die irdischen Probleme zu lösen. Er verwechselt es derart mit der Utopie.

Die drei ersten Argumente zur Verteidigung einer Wahrheit mögen triftig sein.
Mit dem vierten beginnen die Sophismen und die Rhetorik.

Ein wenig Ungestüm genügt, und die Distanz zwischen der Utopie und dem Mord verschwindet.

Die Grenzen der Intelligenz Anderer erfühlen wir rasch.

Es ist nicht recht, einer vulgären Manier, recht zu haben, recht zu geben.

Der Mensch ist ein erziehbares Tier, solange er nicht in die Hände progressiver Pädagogen fällt.

Selbst wenn sie sich korrumpiert, wird die Kunst à la longue den Teufel verraten.

Ein einziges Thema a fondo zu erfassen, verlangt heute einen derart besessenen Eifer, daß die Intelligenz sich durch die Forschung verstümmelt.

Unter den Händen des Individuums, das nichts als intelligent ist, wird die Wahrheit unfruchtbar.

Der Schatten unlösbarer Probleme erquickt.

In jedem philosophischen System gibt es einen geheimen Ort, an dem die Folgerichtigkeit des Gedankenganges zerbricht, an dem die Kontinuität des Denkens abreißt.

Letztlich teilen wir uns nichts mit, wir halten uns nur wach.

Der Zusammenstoß mit dem Christentum läßt sich nur vermeiden, solange man an der Oberfläche der Probleme bleibt.

Die Norm, die in den Humanwissenschaften nicht betrügt: die Gemeinplätze der abendländischen Tradition.

Die Wahrheit faßt man nicht frontal, sondern in der Flanke.

Jeder Mensch lebt sein Leben wie ein eingekreistes Tier.

Die Philosophen beginnen mit Philosophie und enden in Rhetorik.

Ist die Philosophie Dialog, besteht kein Grund anzunehmen, der zuletzt sich Äußernde habe recht.

Historisch interessant ist die Periode, von der ein intelligentes Buch berichtet.

Wenn der zynische Realismus sich täuscht, ergötzt seine Ratlosigkeit.

Nicht der Bruch mit dem Mittelalter, sondern der Ursprung im Mittelalter ist die Ursache der eigenartigen Vitalität der modernen Ära.
Sie ging von Jahrhunderten aus, in denen die Menschheit sich nicht verplempert hatte.

Der authentische Beruf ist indifferent gegenüber Scheitern oder Erfolg.

Der Individualismus ist die Wiege der Vulgarität.

Der literarische Kosmopolitismus endet damit, daß alle Welt schreibt, als sei es übersetzt.

Die Gemeinplätze der klassischen Literatur waren die Präzeptoren des Abendlandes.

Es gibt Epochen, in denen nur der Pöbel eine Zukunft zu haben scheint.

Mit Preisen krönt man Epigonen.

Wer über Kunst spricht, mag Aufmerksamkeit erregen, wird aber niemanden etwas lehren.

Die Utopien einer Epoche verursachen die Gemetzel der folgenden.

In den Künsten gibt es keinen Stil, der sich nicht ohne Talent imitieren ließe.

Die Ironie der Geschichte: das Voraussehen ist so schwierig, das Vorausgesehenhaben scheint so einleuchtend.

Die Intuitionen des Philosophen blenden uns zuweilen; gegen seine Vernunftgründe jedoch sträuben wir uns mit Einwänden.

Die Dummheit bemächtigt sich mit teuflischer Leichtigkeit der Erfindungen der Wissenschaft.

Wo die Gleichheit zuläßt, daß die Freiheit eintritt, wird die Ungleichheit sich einschleichen.

Damit das Beklagenswerte tragisch wird, muß der Protagonist einen gewissen Grad der Zivilisiertheit erreicht haben.

Der Soziologe weiß beim Hantieren mit seinen Statistiken nie, wo die relative Ziffer wichtig ist und wo die absolute.

Wo der Kommunismus triumphiert, fällt das Schweigen hernieder mit dem Krachen einer zuschnappenden Falle.

Ohne Vertrautheit mit der griechischen und der lateinischen Literatur, urteilt der Kritiker mittels des Wohlwollens der Ignoranz.

Ob der Name des Autors dem Zitat nicht das Prestige raubt, läßt sich erst nach Jahrzehnten feststellen.

Eine historische Periode gut zu kennen, bedeutet, sie nicht mit demokratischen Vorurteilen zu betrachten.

Von den durch allgemeine Wahlen an die Macht Gekommenen sind nur die Dummköpfe ehrbar, weil der intelligente Mensch lügen muß, um gewählt zu werden.

Der Mensch besitzt nicht die gleiche Dichtigkeit in jeder Epoche.

Das die Rechte bedrohende Laster ist der Zynismus, das sie Linke bedrohende die Lüge.

Nicht weil die Nachwelt klüger ist als die Zeitgenossen, täuscht sie sich nicht über den Wert eines Textes, sondern weil die Zeit dem Text nichts läßt außer den ihm eigenen Wohlklang.

Der Schriftsteller, der sich vornimmt, nützlich zu sein, gewöhnt sich peu à peu an die Lüge.

Wissen löst nur subalterne Probleme, aber Verstehen schützt vor dem Überdruß.

Jene, die den „Buchstaben" des Christentums durch seinen „Geist" ersetzen wollen, verwandeln es meist in ein sozio-ökonomisches Geschwätz.

Humanität ist, was Verschwiegenheit und Scham in der Animalität des Menschen herstellen.

In Perioden der Dekadenz schwanken die Künste zwischen dem Allegorischen und dem Abstrakten.

Nichts beunruhigt den intelligenten Ungläubigen mehr als der intelligente Katholik.

Der Realismus der Photographie ist falsch: er glaubt, das Objekt ohne dessen Vergangenheit, dessen Transzendenz und dessen Zukunft repräsentieren zu können.

Verblüffend: Glaubensbekenntnisse der Ungläubigen.

Die knappe Behauptung darf nicht plötzlicher Einfall sein, sondern lakonische Schlußfolgerung.

Die treffende, aber ungewöhnliche Meinung eines ausländischen Kritikers scheint anfänglich nur extravagant.

Der Verlust an Durchsichtigkeit ist das erste Symptom für den Niedergang einer Sprache.

Der Kritiker ist stets geneigt, das Kunstwerk ins Allegorische zu übersetzen. Das Lexikon, dessen er sich dabei bedient, mag wechseln, es wird jedoch stets die Unmöglichkeit des Vorhabens verkennen.

Es gibt Irrtümer, die nur begehen kann, wer das Thema gut kennt.

Unser Leben ist eine Anekdote, die unsere wahre Persönlichkeit verbirgt.

Die Vortrefflichkeit eines Geistes verdankt sich zuweilen einer geduldig überwundenen Mediokrität.

Wer nicht predigt, benötigt ein intelligentes Auditorium.

Den talentierten Zyniker kann man dulden, nicht aber seine Bewunderer.

Wer ein System erfunden hat, wird von der Nachwelt gefeiert. Wiedergelesen wird, der sich hütete, es zu tun.

Von Gott zu sprechen, ist anmaßend; nicht von Gott zu sprechen, ist schwachsinnig.

Personen ohne Imagination lassen uns die Seele gefrieren.

Man muß seine Sinne auf die Transzendenz richten, ohne sie sich vorzustellen.

Das Publikum kann sich stupider Ideen nur erwehren, indem es entgegengesetzte stupide Ideen annimmt.

Der Gesprächspartner des Einsamen ist die gesamte Vergangenheit.

Das Schauspiel eines Scheiterns stimmt vielleicht weniger melancholisch als das eines Triumphes.

Die Existenz des Irrtums zuzugeben, heißt, die Realität des freien Willens zu bekennen.

Bestimmte Ideen sind klar formuliert, andere sind nur als Anspielung klar.

Die wirkliche Intelligenz muß nichts tun, um zu befruchten. Ihre Präsenz genügt.

Bestimmte Postulate beanspruchen, Vernunftgründe zu sein, um sich die Zustimmung zu erschleichen.

Wenn der Mensch die Riten aufgibt, wird er zum Tier, das kopuliert und frißt.

Die Kritiker streiten sich über Qualitäten und Mängel, einigen sich aber rasch über denjenigen, über den zu streiten sich der Mühe gelohnt hätte.

Wirklich energisch verteidigt der moderne Mensch nur sein Recht auf Völlerei.

Solange wir antworten ohne zu schwanken, kennen wir das Thema nicht.

Auf religiösem Gebiet wird die Trivialität der Einwände schneller offenbar, als die Hinfälligkeit der Beweise.

Der Beweis einer Wahrheit vermag nie zu garantieren, daß ihre Aneignung kein Wagnis birgt.

Der originäre Philosoph pfropft sich nicht dem Stamme der Philosophie auf, die ihm vorhergeht, sondern deren Wurzeln.

Gehören die durch eine Volkswahl Gewählten nicht den intellektuell, moralisch und sozial niedrigsten Schichten der Nation an, können wir sicher sein, daß heimliche anti-demokratische Mechanismen das normale Funktionieren der Wahl beeinträchtigt haben.

Beim Ausbruch der Revolution unterwerfen sich die Begierden den Idealen; beim Triumph die Ideale den Begierden.

Die guten Bücher, nach Jahrzehnten wieder hervorgeholt, mögen langweilen; aber die schlechten stimmen deshalb noch nicht vergnüglich.

Nicht weil Gott alles weiß, dürfen wir vertrauen, sondern weil ER barmherzig ist.

Zwischen die Ursachen der Revolution und ihre Verwirklichung schieben sich Ideologien, die den Ablauf und sogar die Natur der Ereignisse bestimmen.
Die „Ideen" „verursachen" nicht die Revolution, doch sie graben ihrem Strome das Bett.

Gelehrsamkeit und Erfahrung sind die beiden unüberwindlichen Widersacher der Linken.

Wer die Revolution verteidigt, zitiert Diskurse; wer sie anklagt, zitiert Tatsachen.

Die Fälschung der Vergangenheit dient der Linken dazu, die Zukunft zu erbauen.

„Sinn haben" ist das irreduzible, nicht analysierbare, letzte Attribut bestimmter Erscheinungen.

Gegen die „herrschenden Meinungen" einer Epoche gibt es kein anderes Mittel als die Zeit.

Das Denken kann die Idee von Gott umgehen, wenn es sich darauf beschränkt, subalterne Probleme zu meditieren.

Die Magnetnadel der Sensibilität verliert seltener die Orientierung als die der „Vernunft".

Das Unnachahmliche in der Literatur ist stets das, was scheinbar am leichtesten nachzuahmen ist.

Der Tag komponiert sich aus seinen Augenblicken der Stille.
– Der Rest ist verlorene Zeit.

Weder erschafft die Funktion das Organ, noch das Organ die Funktion: beide sind Mechanismen der Intention.

Der Mensch besitzt nur Bedeutung, wenn es wahr ist, daß ein Gott für ihn gestorben ist.

Das Denken verdirbt den Schwachkopf.

Ich bin nur Herr eines winzigen Territoriums, aber ich bin *reichsunmittelbar*.*

Die Linke ist nur nach ihren Triumphen verwundbar.

Die Tiefe einer Idee hängt von der Begabung dessen ab, der ihr lauscht.

Das moderne Streben nach Originalität läßt den mediokren Künstler glauben, deren Geheimnis bestehe in der bloßen Abweichung.

Weil das Publikum immer mit der herrschenden intellektuellen Mode übereinstimmt, beschützt es unterschiedslos Wahrheiten oder Irrtümer.

Nicht alle Besiegten sind anständig, aber alle Anständigen enden als Besiegte.

---

* Im Original deutsch. (D. Übers.)

Selbst die strengsten Regierenden müssen sich schließlich im Zirkus zeigen, um der Menge zu gefallen.

Alles in der Geschichte beginnt vor dem Zeitpunkt, an dem wir glauben, es habe begonnen und es endet später, als wir glauben, es habe geendet.

Zwingt eine seelische Erschütterung das Individuum plötzlich dazu, sich ohne Hintergedanken zu äußern, werden uns seine tiefen Überzeugungen entsetzen und zugleich in Gelächter ausbrechen lassen.

Ungleichheit und Gleichheit sind Thesen, die wechselseitig gegen das jeweils herrschende soziale Klima zu verteidigen sind.

Das Gegenteil unserer Gewißheit hört rasch auf, uns falsch zu scheinen, um uns unverständlich zu werden.

Weder die Erklärung der Menschenrechte, noch die Verkündung von Verfassungen, noch die Anrufung eines Naturrechts schützen uns vor der Willkür des Staates.
Gegen den Despotismus steht nur die Barriere des Gewohnheitsrechtes.

Das Leben schreibt seine besten Texte in Nachträgen und Randbemerkungen.

Der Mensch glaubt sich frei, wenn er in einem Strome schwimmt, der ihn fortreißt.

Vorurteile verdummen nur den, der sie für Schlußfolgerungen hält.

Von Souveränität kann man nur sprechen, wenn die Funktion des Gesetzgebers sich darauf beschränkt, das Gewohnheitsrecht unter dem Gesichtspunkt der Ethik zu befragen.

Volkssouveränität bedeutet nicht allgemeinen Konsens, sondern Vergewaltigung durch die Mehrheit.

Das Gesetz ist nur dort souverän, wo das Volk an dessen göttlichen Ursprung glaubt.

Die „Gnade" offenbart sich nicht in der unvorhersehbaren Entscheidung, sondern in der unbeweisbaren Gewißheit.

Der Marxismus unterjocht die Intelligenz nur, wo die Polizei ihm zu Diensten steht.

Einen Philosophen verstehen, heißt, einen Augenblick aufzuhören, sich von ihm überzeugen zu lassen.

Gott wirkt in der Geschichte nicht unmittelbar, sondern durch die Seele.

Der Wille erfindet sich Motive.

Die großen historischen Theorien werden brauchbar, wenn sie darauf verzichten, alles erklären zu wollen.

Das Verständnis des Individuellen und das Verständnis des Allgemeinen bedingen sich in der Geschichte wechselseitig.

Keine der Wissenschaften vom Menschen ist so exakt, daß der Historiker sie nicht verändern müßte, um sie gebrauchen zu können.

Zuerst befreit jede Erfindung, dann versklavt sie.

Nicht die Kenntnis der Dinge erzieht den Menschen, sondern die Kenntnis des Menschen.

In diesem Jahrhundert ist es kaum möglich, intellektuellen Grobianismus zu vermeiden.

Die zeitgenössische Psychologie verheddert sich in eitle Tüfteleien, indem sie sich anmaßt, Tatsachen immanent zu erklären, statt sie auf transzendente Endpunkte zu beziehen.

Was den Historizismus sowohl vom axiologischen Absolutismus der *Aufklärung** als auch vom evolutionistischen Relativismus des 19. Jahrhunderts unterscheidet, ist die Entdeckung, daß die Werte anderer Epochen weder simple Irrtümer, noch rein relative Etappen eines historischen Prozesses sind: Wir können diese Werte wieder schätzen und verstehen.

Die historische Kausalität ist keine Kette von Tatsachen: sie hat Geister und Sinne zu durchqueren, Zonen, in denen sie ihre feste Gestalt verliert.

Die Unterscheidung von Ursache und Wirkung – ein unlösbares Problem der Geschichtsschreibung.

Der Mensch kalkuliert nie den Preis der Bequemlichkeit, die er erringt.

Der Abstand zwischen Gelingen und Mißlingen verwischt sich in wenigen Jahren.

In einer zivilisierten Gesellschaft erzieht die sozial hochstehende Klasse die intellektuelle Klasse durch familiären Umgang.

Der Liberale glaubt, auf der Linken keine Feinde zu haben, während er doch nur auf der Linken Feinde hat.

---

* Im Original deutsch. (D. Übers.)

Es gibt keine Kausalität der Geschichte, die sich nicht der Zufälligkeit der Umstände unterwirft.

Der Begriff des Determinismus hat durch seinen Terror die philosophische Grundlagenarbeit verdorben.

Das Gute würde niemals etwas Böses hervorbringen, wäre es nicht zuweilen mit Dummheit vermischt.

Wiederlesen kann man nur, was mehr nahelegt als es ausdrückt.

Niemand leugnet, daß die historischen Ereignisse sich aus vier Faktoren zusammensetzen: Notwendigkeit, Zufälligkeit, Spontaneität, Freiheit.
– Dennoch findet sich selten eine historiographische Schule, die nicht die Reduktion auf einen einzigen Faktor anstrebt.

„Historische Notwendigkeit" ist wohl nur ein Ausdruck für menschliche Stupidität.

Die großen philosophischen Fragestellungen berauschen zunächst; dann langweilen sie.

Nur was wir weder verstehen noch leugnen können, vermag wahr zu sein.

Die Comédie humaine erlangt ihre Würde nur durch die Umformungen, die ihr die Zeit im Laufe der Geschichte angedeihen läßt.

Die Genialität ermüdet zuweilen; die fein erzogene Seele langweilt nie.

Das Wörterbuch der Fachsprachen behutsam ausufern zu lassen ist eine Voraussetzung, um gut zu schreiben.

Die moderne Architektur ist ihrem Wesen nach anti-historisch.

– Sie ist die erste, die sich nicht von einer vorhergehenden Architektur ableiten läßt; die erste, die mit einem Traditionsbruch beginnt.

Der Politiker sagt nie, was er wirklich glaubt, sondern was er für nützlich hält.

Die Hoffnung auf ein anderes Leben hat ihren Ursprung weniger in den Triumphen der Ungerechtigkeit als in dem Gegensatz der Zerbrechlichkeit des Schönen und seiner Unsterblichkeit.

Der Zeitgenosse, der die Schriftsteller seiner Epoche nicht bewundert, begeht einige Ungerechtigkeiten, vermeidet aber eine Unzahl komischer Irrtümer.

Die Routine schafft die Bühne, auf der sich die Epiphanien ereignen.

Der Neuerer in den Künsten endet als bloßer Vorläufer dessen, der die Entwicklung krönt und abschließt.

Hustet der Dummkopf seinen Schleim ab, geschieht das heute nicht mehr mit patriotischer, sondern mit kultureller Rhetorik.

Die Rhetorik des schlechten Geschmacks erkennt man an ihrer Verneinung der Transzendenz bei hemmungsloser Benutzung ihres Vokabulars.

Der Geschmack kann die Dürftigkeit wirklicher Armut zur Höhe künstlerischer Vollendung führen.

Der Mensch erfindet nur noch, um besser zu töten oder die Welt vulgärer zu machen.

Nur die Religion kann populär sein, ohne vulgär zu sein.

Auch der freie Mensch steht unter der Herrschaft der Notwendigkeit, aber man wird bei ihm ihre Konsequenzen nicht vorhersehen können.

Zur „Kultur": Was allen erreichbar ist, lohnt nicht die Mühe, es allen erreichbar zu machen.

Eine demokratische Regierung durch eine andere demokratische Regierung zu ersetzen, heißt nur, die Nutznießer der Ausplünderung auszutauschen.

Beneidenswert ist nur der Luxus der barbarischen Epochen, *scilicet:* viele Diener.

Auf die Antinomien der Vernunft, auf die Ärgernisse des Geistes, auf die Risse des Universums, gründen sich meine Hoffnung und mein Glaube.

Nur unter der eifersüchtigen Wachsamkeit reicher Bourgeoisten hat der Staat Diskretion und Mäßigung an den Tag gelegt.

Die subalternen Wahrheiten stellen oft die höchsten Wahrheiten in den Schatten.

In der Religion sind Einwände und Beweise gleichermaßen überflüssig.

Selbst wenn es ihm gelänge, seine verwegensten Utopien zu verwirklichen, würde der Mensch eine jenseitige Bestimmung ersehnen.

Es gibt Gedanken, die subtil scheinen und die nichts als widersprüchlich sind (z. B. Renan).

Die Zweifel zerstreuen sich nicht einer nach dem anderen: sie lösen sich auf in einem Blitz.

Und dann erscheint wieder eine Broschüre, die Bibliotheken unter sich begräbt.

Die Vorlieben kommen von innen, die Werturteile von außen.

Was der Pöbel als „natürlich" ansieht, läßt die vornehme Seele rebellieren.

In der Geschichte ist alles Große einzig und allein das Ergebnis instabiler Gleichgewichte.
Nichts dauert, doch das Mediokre dauert länger.

Für das Meßbare empfänglich sein, ist subaltern.

Nur zwischen Einsamen gibt es einen Dialog.

Wenn wir einen Augenblick seinen Wert aus den Augen verlieren, löst sich der Gegenstand in Atome auf.

Die Prinzipien sind das Licht, das unsere Schritte erhellt, wenn die Evidenzen sich verfinstern.

Man braucht die Probleme von heute nur in einem traditionellen Vokabular auszusprechen, und schon nimmt man ihnen das falsche Prestige.

In den Epochen der spirituellen Wüste kommen selbst die vor Durst um, die unterirdische Wasserreserven anzapfen.

Entdecken wir in einem Buch das marxistische Strickmuster, bleibt uns nur, es zu schließen und sanft zu murmeln: Ach ja, die Faulheit!

Die Freiheit ist nicht nur die Frucht der Ordnung, sie ist auch die Frucht wechselseitiger Zugeständnisse zwischen Ordnung und Unordnung.

Meine Überzeugungen sind die des alten Weibes, das im Winkel der Kirche seine Gebete murmelt.

Der Wert einer Metaphysik ist abhängig von ihrer Poesie.

Das Problem ist nicht die Frage: Determinismus oder freier Wille? Das Problem ist die Frage: Was ist freier Wille?

Die letzte Wirklichkeit ist nicht die des Gegenstandes, den die Vernunft konstruiert, sondern die der Stimme, in der sich die Empfindung ausdrückt.

Ein guter Philosophiehistoriker ist nicht, wer die Doktrinen korrekt darstellt, sondern wer die Möglichkeit, sie zu denken, verständlich macht.

Die Wissenschaften vom Menschen sind nicht eigentlich inexakte Wissenschaften, sondern Wissenschaften vom Inexakten.

Mit Emphase sprechen sie von der „Transformation der Welt", wenn das Äußerste, das zu erwarten ist, ein paar unbedeutende soziale Reparaturen sind.

Inmitten des Sturzbaches der Erscheinungen erblüht die Wirklichkeit der Werte.

In der demokratischen Theorie bedeutet „Volk" *populus*, in der demokratischen Praxis bedeutet „Volk" *plebs*.

Der kultivierte Mensch muß sich weniger gegen die Barbarei dieser Epoche verteidigen, als gegen ihre Kultur.

Es empfiehlt sich, fortschrittliche und kühne Meinungen zurückzuweisen, weil der Dummkopf sie sich früher oder später zu eigen machen wird.

In der Philosophie gilt: mit Ernst suchen, dem Fund jedoch nur mit Ironie vertrauen.

Beruht das Sein, wie das Christentum lehrt, auf einem freien Akte Gottes, dann muß die christliche Philosophie feststellen und darf nicht erklären.

Eine Gesellschaft ist säkularisiert, wenn sie das Bewußtsein ihrer Abhängigkeit verloren hat.

Der Fortschritt in der Geschichtsschreibung besteht in der zunehmenden Fähigkeit, die Epochen in ihrer Eigentümlichkeit zu erkennen.

Es schickt sich, einfach zu sein, aber nicht zu vereinfachen.

Ich bin nicht so töricht, die unbestreitbaren Leistungen der modernen Kunst zu leugnen; aber ich fühle mich, wenn ich sie betrachte, wie vor chinesischer oder ägyptischer Kunst: wie vor einer exotischen Kunst.

Die Literatur, die den Geist einer Epoche beeinflußt, ist die Sub-Literatur.

Die Erfahrung einer praktisch irreligiösen Epoche hat den Christen gelehrt, die Geschichte des Heidentums mit Respekt und Sympathie zu betrachten.

Gegenüber dem Marxismus neigt man zu zwei Irrtümern: entweder gering zu schätzen, was er lehrt oder zu glauben, was er verheißt.

Die „intelligible Freiheit" Kants ist einer dieser philosophischen Kunstkniffe, mit Hilfe derer sich das Problem auf eine Weise formulieren läßt, daß es gelöst erscheint.

Philosophieren ist weissagen, ohne jemals zu wissen, ob man ins Schwarze getroffen hat.

Masse ist kein quantitativer, sondern ein qualitativer Begriff.

Marxismus und Psychoanalyse waren die beiden Fußeisen der modernen Intelligenz.

Meine Kenntnis meines Wissens ist unvollständig; meine Unkenntnis meines Unwissens ist vollständig.

In einem gesunden Staat hemmen zahllose Hindernisse die Freiheit des Gesetzgebers.

Mehr als die Stupidität selbst stört das wissenschaftliche Vokabular in ihrem Munde.

Unsere spontanen Abneigungen sind meist erleuchteter als unsere vernünftigen Überzeugungen.

Die Probleme des Sexus beginnen dort, wo sie nach dem Glauben des Modernen aufhören.

Um sich selbst oder andere zu betrügen, genügt es, über einen Typus von Erfahrungen im Vokabular der Erfahrungen eines anderen Typus zu sprechen.

Man muß lernen zu verstehen, ohne zu entschuldigen.

„Revolutionär" bezeichnet heute ein Individuum, dem die moderne Vulgarität nicht schnell genug triumphiert.

Das Aktuelle wird derart rasch obsolet, daß es dumm wäre, ihm mehr Bedeutung als dem Obsoleten beizumessen.

Bestimmte politische Institutionen – tote und begrabene – behalten den überzeitlichen Wert eines Paradigmas.

Eine Philosophie ist fruchtbarer, wenn sie ein intellektuelles Klima schafft, als wenn sie uns einen Corpus an Doktrinen hinterläßt.

Obwohl die Evangelien voller Drohungen sind, vermag ich in ihnen nur Verheißungen zu erblicken.

Nackt und harmlos muß die Meinung sich nähern, um zu überzeugen.

Der Preis der absoluten Freiheit ist eine grenzenlose Vulgarität.

Am Anfang steht nicht die wilde Pflanze, sondern der okulierte Baum.

Der literarische Kritiker glaubt, die Erklärung eines Werkes in der Hand zu haben, wenn dessen Quellen sein Vorurteil bestätigen.

Die moderne Gesellschaft ist nur in zwei Dingen den vergangenen Gesellschaften voraus: in der Vulgarität und in der Technik.

Wahrscheinlich hat das 19. Jahrhundert alles Kluge und alles Dumme erschöpft, das sich zu irgendeinem Thema sagen läßt.

Werden sie zu Laufbahnen, setzen sich die wissenschaftlichen Disziplinen einer vorzeitigen Sklerose aus.

Das Vulgäre ist nicht vulgär, weil es eine Eigenschaft des Pöbels ist.
Im Gegenteil! Der Pöbel ist Pöbel, wenn er vulgär ist.

Der Schriftsteller, der die Worte als reine Zeichen behandelt, kann nicht schreiben.

Ohne verständigen Leser gibt es keinen scharfsinnigen Text.

Es müssen nur wenige Jahre vergangen sein, und ein Buch läßt sich mit einem Blick beurteilen.

Wer fähig ist, über alle Welt zu schreiben, wird immer nur Allerweltszeug schreiben.

In einer zivilisierten Gesellschaft müssen, wie in der alten christlichen Gesellschaft, Gleichheit und Ungleichheit in einem dauernden Dialog sein.

Oft verblüffen die Argumente, mit denen Thesen verteidigt werden mehr als die Thesen selbst.

Der Neid unterscheidet sich von den übrigen Lastern durch die Leichtigkeit, mit der er sich als Tugend verkleidet.

Es gibt Individuen, von denen wir selbst dann nicht lernen dürfen, wenn sie uns etwas zu lehren haben.

Es gibt Leser, die von den Büchern angenommen werden und Leser, die von ihnen zurückgewiesen werden.

Außer Gott gibt es nichts, worüber klugerweise ernsthaft gesprochen werden muß.

Die Teilnahme an der Politik stellt für den Schriftsteller keine Versuchung mehr dar, wenn er eingesehen hat, daß es mittels eines intelligenten Textes nicht einmal gelingt, einen Dorfbürgermeister zu stürzen.

Tradition, Werbung, Zufall oder Ratschlag bestimmen unsere Lektüre.
– Nur was wir wiederlesen, haben wir selbst bestimmt.

Für den intelligenten Menschen ist der Glaube das einzige Heilmittel gegen die Angst.
Den Dummkopf kurieren „Vernunft", „Fortschritt", Alkohol, Arbeit.

Die Geschichte des „Fortschritts" berichtet davon, wie die Menschheit sich das Leben unnötig schwerer macht.

Gefallen an mittelmäßigen Schriftstellern der Vergangenheit zu finden, kann ein Beweis für literarisches Raffinement sein.
– Gefallen an mittelmäßigen Schriftstellern der Gegenwart zu finden, beweist schlechten Geschmack.

Der Optimismus ist eine ziemlich moderne Erfindung.
– Der klassischen Literatur fehlt diese abgeschmackte Empfindung.

Das Vergnügen, den geistreichen Sinn einer Metapher zu enträtseln, soll in der modernen „Poesie" die geheimnisvolle Ruhe ersetzen, in die der Gesang versetzte.

Der intelligente Mensch vermag uns stets zu überzeugen, wenn es ihm gelingt, uns anstelle seines Textes den Kontext seiner Überzeugungen vor Augen zu führen.

Die Wahrheit ist nicht vom „kulturell Bedingten" zu „reinigen", sondern nur vom Irrtum.
Jede Wahrheit hat ihr Datum und ist dennoch unsterblich.

Der Glaube ist nicht eine Überzeugung, die wir besitzen, sondern eine Überzeugung, die uns besitzt.

Die Würde des Menschen besteht nicht in seiner Freiheit. Sie hängt davon ab, welchen Willensbeschränkungen er sich frei unterwirft.

Was man über eine Tradition, in der man nicht aufgewachsen ist, gelernt hat, weiß man, auch wenn man es materiell exakt kennt, spirituell nur inexakt.

Die elegante Intelligenz übernimmt nur Moden von gestern.

Die Grenze zwischen der Intelligenz und der Stupidität ist beweglich.

Die Authentizität bewahrt nicht immer vor der Mittelmäßigkeit, aber rettet sie vor dem Kitsch.

Die Verehrung spricht eher für den Verehrenden als für das Verehrte.

Die Verschiedenartigkeit geschichtlicher Epochen ist das Ergebnis immer gleicher Ursachen, die auf stets unterschiedliche Individuen treffen.

In der Geschichte hängt die Art der Wirkung von der Art des Individuums ab, auf das die Ursache einwirkt.

Der Glaube löst nicht unsere Zweifel, er verzehrt sie.

Niemand kann seiner Epoche entfliehen, aber mit ein wenig Geschick vermag er, ihren Trivialitäten auszuweichen.

Ist die Trunkenheit der Jugend vorüber, scheinen uns nur noch die Gemeinplätze einer sorgsamen Prüfung würdig.

Die grenzenlose Toleranz ist nur eine heuchlerische Manier abzudanken.

An der Transzendenz könnte man vielleicht zweifeln, wäre nicht ihr Schatten sichtbar: der Irrtum, die Häßlichkeit, das Böse.

Die unbegrenzte Freiheit des Audrucks verurteilt Irrtümer und Wahrheiten zu gleicher Bedeutungslosigkeit.

Totalitär ist der Staat, der durch staatliche Integration die von der liberalen und demokratischen Mentalität zerstörte soziale Integration ersetzen will.

Man muß es wiederholen und wiederholen: das Wesen der Demokratie ist der Glaube an die Souveränität des menschlichen Willens.

Selbst der außergewöhnliche Staatsmann verwirklicht seine Vorhaben nur dank der Vulgarität, die er seinen Eigenschaften beimischt.

An die Rettung des Menschen durch den Menschen zu glauben, ist mehr als ein Irrtum – es ist Blödsinn.

Wir erfassen nur, was wir schon lange zuvor verstanden haben.

Der heutige Regierende muß sich nur zur Linken bekennen, damit ihm alles erlaubt und alles verziehen werde.

Gäbe es den Neid nicht, verlören die Dinge für die meisten Menschen ihren Reiz.

Das Mindeste, zu dem ein gebildeter Mensch sich verpflichten muß: keine Modeautoren zitieren.

Was der vulgäre Leser als „tief" empfinden soll, muß plump ausgedrückt werden.

Endlich, nach so vielen Jahren, ist der Gebildete soweit, statt Wahrheiten zu sammeln, Irrtümer zu wittern.

Der intelligente Skeptizismus zweifelt, weil er als Kriterium über drei oder vier Evidenzen verfügt.

Ich will nicht, daß man erneuert; ich will, daß man nicht verjähren läßt.

„Soziale Nützlichkeit" ist ein Kriterium, das herabzieht, was es rechtfertigen will.

Der Reichtum des Händlers, des Industriellen, des Finanziers, ist ästhetisch minderwertig gegenüber dem Reichtum an Land und an Herden.

Die heutige soziale Unordnung nährt sich aus der „intellektuellen Ungeduld" des Dummen und dem „Aufbrechen verkrusteter Strukturen" des Schlaumeiers.

Die Obszönität ist das Salz im Fraße des Pöbels.

Kleine Bedeutungsverschiebungen sind die Ursache für die meisten Irrtümer bei der Betrachtung der Welt.

Die Feministen sind lächerlich; die Anti-Feministen sind vulgär.

Das Peinliche jedes moralischen oder sozialen Problems: die beste Lösung liegt nicht im Alles oder Nichts, sondern im Mehr oder Weniger.

Der Glaube ist nicht Erklärung, sondern Vertrauen darauf, daß zum Schluß alles eine Erklärung findet.

In der Gesellschaft entstehen zuerst die Parteien und dann die Konflikte.

Vollständig überzeugt uns nur die Idee, die keine Argumente benötigt, um uns zu überzeugen.

Die Presse verbreitet die Korruption, indem sie sie denunziert.

Die Frage nach dem Nützlichen wirkt stets naiv, wenn die Frage nach der Macht gestellt wird.

Wenn die Welt determiniert ist, wenn allein geschehen kann, was geschehen muß, gibt es keinen Irrtum.
Irren setzt voraus, daß etwas geschehen kann, was nicht sein muß.

Mehr als die Unmoral der heutigen Welt ist es ihre zunehmende Häßlichkeit, die dazu reizt, sich in einem Kloster Träumereien hinzugeben.

Am Anfang der Moderne steht ein Akt der Hoffart; er läßt uns glauben, daß wir uns der Condition humaine entziehen können.

Nur wenn die Religion sie in eins schmilzt, wird die Masse nicht gemein.

Auch der Irrtum kann amüsant sein – solange er nicht weitschweifig ist.

Die politischen Parteien leben länger, als die Meinungen und Interessen, die an ihrem Ursprung standen.

In Texten, die unseren Schmerz lindern, stoßen wir rasch auf Sätze, die uns durchbohren wie ein tiefer Degenstich.

Die Riten schützen den Glauben, die Predigten unterminieren ihn.

Die menschliche Wärme in einer Gesellschaft vermindert sich in dem Grade, indem sich deren Gesetzgebung perfektioniert.

Die Naturwissenschaften legen nur Irrtümer zu den Akten; die Humanwissenschaften, in denen die Mode herrscht, verbannen auch richtige Ergebnisse ins Archiv.

Die Parteigänger, die der Freiheit in unserem Jahrhundert geblieben sind, vergessen meist die Evidenz einer höchst trivialen und altmodischen bürgerlichen These: die *Conditio sine qua non* der Freiheit, sowohl für Proletarier als für Eigentümer, ist das Privateigentum.
– Unmittelbare Verteidigung der Freiheit der einen; mittelbare Verteidigung der Freiheit der anderen.

Die Quellen der „Menschenrechte" sind nicht in modernen Texten zu suchen, sondern im Connubium der Christenheit mit dem Feudalismus.

Das Unakzeptable der „Menschenrechte" ist in ihrem Namen enthalten.

Die „Ideen" des Politikers können als Kräfte wichtig sein, doch niemals als Ideen.

Den Christus der Evangelien kümmert nicht die ökonomische Lage der Armen, sondern die moralische Situation der Reichen.

Unermüdlich arbeitet die moderne Gesellschaft daran, die Vulgarität allen erreichbar zu machen.

Von sozialer Bedeutung ist die Religion nicht durch ihren Beitrag zum Konsens und zur Integration der Gesellschaft, sondern weil ihr Verschwinden – der Verlust des Sinnes für die Transzendenz – alle menschlichen Handlungen aus dem Gleichgewicht bringt.

Gegenüber der Pluralität der Zivilisationen und Kulturen, dürfen wir weder Relativisten noch Absolutisten sein: wir müssen hierarchisieren.

„Sinn", „Bedeutung", „Wichtigkeit" sind Termini, die nicht nur transitive Relationen bezeichnen.
Es gibt Dinge, denen Sinn, Bedeutung, Wichtigkeit an sich zukommen.

Der Ignorant glaubt, daß der Ausdruck „aristokratische Sitten" unverschämte Verhaltensweisen bezeichnet; wer nachforscht, entdeckt, daß der Ausdruck Höflichkeit, Feinheit, Würde bedeutet.

Mehr als der Irrtum erzürnt der Mißbrauch der Wahrheit.

Die Kirche hat nicht das Christentum der Welt anzupassen, sie hat nicht einmal die Welt dem Christentum anzupassen; sie muß vielmehr in der Welt eine Gegenwelt bewahren.

Christlich ist nicht die Gesellschaft, in der niemand sündigt, sondern die, in der viele Buße tun.

Die ökonomische Ursache stellt „etwas" her – „was" entscheidet die Geschichte.

Mit der Masse zu leiden ist christlich, der Masse zu schmeicheln ist nur demokratisch.

Der wesentliche Mechanismus der Geschichte ist das simple Auswechseln von Individuen.

Viele Probleme sind eher lästig denn unlösbar.

Obsolete Meinung und irrige Meinung sind für den Trottel synonyme Bezeichnungen.

Was über die ästhetische Qualität bestimmter neuer Werke täuscht, ist ihre Manier schlecht zu sein, die sich von der traditionellen Manier, schlecht zu sein, unterscheidet.

Vor allem seine eigene Geschichte hat der Marxismus nicht verstanden.

Der einzige legitime Absolutismus unterdrückt den Absolutismus der Plebs.

In der Geschichte dauern die Gewißheiten kaum länger als die Irrtümer.

Häufig genug verachten wir, die wir beneiden müßten.

Zivilisation ist die Disziplin, die eine hohe soziale Klasse einer ganzen Gesellschaft, allein durch ihre Existenz, auferlegt.

Zu den wichtigsten kulturellen Leistungen des Katholizismus gehört es, ein der ökonomischen Aktivität ungünstiges Klima geschaffen zu haben.
– Das als Lob der Arbeit getarnte Lob der Habsucht war im Mittelalter unbekannt.

Der Dummkopf glaubt, daß das Buch, das gerade nicht gelesen wird, „widerlegt" sei.

Die Machart eines Kunstwerks mag von sozialen Bedingungen abhängig sein; seine ästhetische Qualität ist von nichts abhängig.

Die politischen Regime werden tolerant, wenn sie beginnen, ihren eigenen Prinzipien zu mißtrauen.

Gemeinhin sieht sich der Bürger vom Verschwinden seiner oberen Klasse nicht betroffen; es ist das Klima, in dem er jetzt lebt, das ihm schadet.

Nur wenn der wirtschaftliche Erfolg des Einzelnen notwendig seinen sozialen Aufstieg zur Folge hat, gefährdet er die gesellschaftliche Moral.

Die „historische Notwendigkeit" ist nur respektabel, wenn sie erzwingt, was Respekt verdient.

Das Authentische erreicht in den Künsten niemals so viel authentische Popularität wie das Unwahre.

Der Irrtum kann immer triumphieren, solange es möglich ist, aus zutreffenden Diagnosen törichte Schlußfolgerungen zu ziehen.

Nur die gesellschaftliche Ungleichheit rettet das Leben vor der Monotonie und dem Überdruß.

Die Linke ist der Abhang, an dem alle geistigen Fähigkeiten Purzelbaum schlagen.

Gott stirbt nicht, doch zum Unglück des Menschen sind die subalternen Götter – die Scham, die Ehre, die Würde, die Sittsamkeit – dahingegangen.

Fast alles, was der typische Regierende dieses Jahrhunderts für seine Pflicht hält, ist nichts weiter als ein Mißbrauch der Macht.

Der Plebs verliert stets, die Chefs der Plebs gewinnen immer.

Die Polizei ist die einzige soziale Struktur in der klassenlosen Gesellschaft.

Der vollkommene Neider will den Gegenstand seines Neides nicht besitzen, sondern vernichten.

Die dauernde Veränderung der Sprache in der Geschichte schließt nicht aus, daß in einer bestimmten Epoche Tendenzen unterschiedlicher Qualität gleichzeitig wirksam sind.
– Die Sprachen vervollkommnen sich und verkommen zur gleichen Zeit.

Wenn wir niemals einer Mode gefolgt wären, könnten wir ohne Melancholie alt werden.

Der Historiker muß die Humanwissenschaften ausbeuten, ohne sich ihnen zu unterwerfen.

Verschwindet aus der Geschichtsschreibung der Begriff der Spontaneität, wuchern die Pseudo-Ursachen.

Man muß es hinnehmen, mit den Schwachsinnigen so viele Wahrheiten wie Irrtümer zu teilen.

Zuweilen verstreichen Jahre, ehe die Mediokrität eines Buches offenbar wird.

Intelligente Menschen nehmen überhand, doch nichts ist seltener als eine Intelligenz, die neugierig macht.

Die meisten neuen Verhaltensweisen sind alt und wurden bisher von der abendländischen Zivilisation schamhaft in den dunklen Ecken der Vorstädte versteckt gehalten.

Wir entdecken bald, daß die „superbia vitae" eher Dummheit ist als Sünde.

Der Versuchung, modisch zu sein, entkommt nur der Reaktionär.

In einem intelligenten Buch suche man nicht nach Ideen; man atme die Luft, die darin herrscht.

Die Philosophie braucht die Einsamkeit.
– Sie verwandelt sich in Mythologie, wenn eine Menge sich ihrer bemächtigt.

Die Grenzen der Wissenschaft offenbaren sich mit größerer Klarheit im immer helleren Licht ihrer Triumphe.

Die persönliche Handschrift macht noch nicht den Stil aus; aber ohne sie gibt es keinen.

In der Poesie ist die Häresie des „Bildes" an die Stelle der Häresie der „Idee" getreten.

Um das Offensichtliche ausdrücken zu können, mußte die Menschheit Jahrhunderte des Stammelns durchleben.

Die Hilfswissenschaften der Geschichte bestehen aus Hilfswissenschaften der Dokumentation und Hilfswissenschaften der Interpretation; traditionsgemäß nennt man nur die ersteren Hilfswissenschaften; die letzteren sind die sogenannten Wissenschaften vom Menschen.

Was an einer Idee nicht veraltet, ist ihre Intelligenz.

Was sich auf ein System zurückführen läßt, endet in törichten Händen.

Die Wissenschaft ist auf bestimmten Gebieten das Tribunal, das nur der Dummkopf anruft.

Nur ohnmächtige Minderheiten messen der Lächerlichkeit der Regierenden Bedeutung bei.

Statt dort, wo er nichts weiß, pflichtschuldigst zu schweigen, beginnt der Schriftsteller, lauter zu reden.

Das ästhetische Werturteil geht der kritischen Analyse voraus.

Wer nicht Latein und Griechisch gelernt hat, ist insgeheim davon überzeugt, nur halbgebildet zu sein.

Ich möchte mir nicht die stoische Heiterkeit erobern, ich möchte die christliche Heiterkeit empfangen.

Da die Gültigkeit eines Begriffs in den Humanwissenschaften auch von der Intelligenz dessen abhängt, der ihn gebraucht, ist nichts dümmer als ein solcher Begriff im Munde des Dummen.

Die Humaniora erziehen, weil sie die klassischen Postulate der Moderne noch nicht kennen.

Zwischen zwei Theorien, die einander widersprechen, muß man sich entscheiden; den Widerspruch zweier Evidenzen gilt es auszuhalten.

Die Geschichte beweist, daß Regieren eine Aufgabe ist, die die Fähigkeiten des Menschen übersteigt.

Bevor er das neue Buch empfängt, läßt der gebildete Mensch es lange antichambrieren.

Der Mensch erschöpft sich, um den Beweis zu führen, daß man der Gefahr entgehen könne und kann ihr zum Schluß doch nicht entrinnen.

Der Moderne glaubt, der Tod sei „natürlich", solange er nicht an der Reihe ist.

Jeder große Christ beherbergt zwei Skeptiker und hat noch reichlich Platz für das Christentum.

Zwischen dem, was überzeugt, weil es dafür Beweise gibt und dem, was uns ohne Nachprüfung, aus psychologischen Motiven heraus, überzeugt, liegt das weite Gebiet der axiologischen Evidenz.

Auch wenn patriotische Historiker sich entrüsten: die Geschichte vieler Länder entbehrt jeglichen Interesses.

Die Landflucht des Notablen war unheilvoller als die des Campesino.
Die ländliche Gesellschaft verlor die Träger von Einfluß und Ansehen, die ihr eine Ordnung gaben, während der Notable sich in ein anonymes Partikel der amorphen menschlichen Masse verwandelte.

Der Moderne glaubt, in einem Pluralismus der Meinungen zu leben, während uns heute doch die Gleichförmigkeit erstickt.

Was die Kenntnis des Menschen angeht, so gibt es keinen Christen (vorausgesetzt, er ist nicht Progressist), den irgend jemand irgend etwas lehren könnte.

Der wahre Stolz verachtet so sehr, was er erreicht, daß er sich in Demut verwandelt.

Der Inhalt des Gedichts zieht den Zeitgenossen an und läßt die Nachwelt kalt.

Wer klug ist, aber unsere Antipathien nicht teilt, ermüdet uns rasch.

Nachdem sie ständig ein Buch haben loben hören, bilden sich die meisten Leute ein, es gelesen zu haben.

Ich verstehe nicht, wie man in der modernen Welt Linker sein kann, wo doch alle Welt mehr oder minder der Linken angehört.

Der Glaube ist nicht irrationale Zustimmung zu einer Behauptung; er ist Wahrnehmung einer besonderen Ordnung der Wirklichkeiten.

Der Reaktionär bestreitet gegenüber der Aufklärung nicht, daß es keine universalen Prinzipien gebe, sondern daß die von der Aufklärung verkündeten Prinzipien Teil der universalen Prinzipien seien.

Der Ruhm der wahrhaft großen Schriftsteller ist ein künstlicher, dem Publikum aufgezwungener Ruhm, ein Ruhm der Schulen, ein subventionierter Ruhm.
Der authentische, volkstümliche, spontane Ruhm krönt nur das Mediokre.

Der Beweis dafür, daß man aus der Geschichte nichts lernt: die demokratischen Ideale sind nicht totzukriegen.

Die Diskussion des Reaktionärs mit dem Demokraten ist steril, weil sie nichts miteinander gemein haben; hingegen mag die Diskussion mit dem Liberalen fruchtbar sein, weil sie verschiedene Postulate teilen.

Sich systematisch zu weigern, im öffentlich genannten Motiv das wirkliche Motiv zu sehen, beeinträchtigt das historische Verstehen: die Wahrheit ist nicht immer verborgen.

Was den Vermerk „nur für Erwachsene" trägt, ist nicht für Erwachsene bestimmt.

Es gibt Doktrinen, die nur wahr sind, wenn man sie mit gesenkter Stimme ausspricht.

Die Resultate der modernen „Befreiung" lassen uns mit Wehmut an die abgeschaffte „bürgerliche Heuchelei" zurückdenken.

Die Mediokren krönen nennt man: „Kulturförderung".

Die Leidenschaft für die Freiheit okkupiert die leeren Seelen.

In der Philosophie genügt zuweilen eine einzige naive Frage, und ein ganzes System stürzt ein.

Jedes große Buch besteht aus drei Teilen: einen Teil für die Ewigkeit, dem die Zeit nichts anzuhaben vermag; einen historischen Teil, der unweigerlich dem Altern verfällt; einen Teil, der bald altert, bald sich verjüngt, je nach der literarischen Mode.

Biologische Generationen sind noch keine historischen Generationen: historisch gesehen ist eine Generation die Gesamtheit der Zeitgenossen eines bedeutenden Menschen oder eines bedeutenden Ereignisses.

Es gibt Wahrheiten, die sich nur in evident falschen Formen ausdrücken lassen.

Die philosophischen Systeme unterscheidet weniger, wie sie Probleme lösen, sondern wie sie Probleme fliehen.

Der einschneidende Irrtum der Kirche bestand nicht darin, Galileo Galilei zu verurteilen, sondern seiner These Bedeutung beizumessen.

Mißtrauen wir in der Ästhetik allem, das aussieht, als sei es von Prinzipien abgeleitet.

Häufig ist es nicht möglich, Parteigänger bestimmter Thesen zu sein, weil es nicht erlaubt ist, die Partei ihrer Verteidiger zu ergreifen.

Zuweilen überzeugt in der Philosophie die bloße These, was ihrem Beweis nicht immer gelingt.

Wenn wir zu ahnen beginnen, was alles dem Menschen angeboren ist, dann begreifen wir die Pädagogik als subalterne Technik.
– Wir lernen nur, was zu wissen wir geboren wurden.

Man muß keinen feinen Geruchssinn haben, um zu merken, daß die moderne Welt stinkt. Riechen können genügt.

Die Leugnung des freien Willens ist stets Ausfluß eines mehr oder minder clandestinen Dogmas.

Die Lehre vom Determinismus ist eine verbale Verallgemeinerung, die der konkreten Erfahrung widerspricht.

Die Beziehung zwischen Wollen und Bewegung ist magisch.
– Unnütz der Versuch, dies Ärgernis mit ad-hoc-Definitionen zu beschönigen.

Fremd bleibt uns nur der übliche Vertreter eines anderen Landes.

– Der kluge Mensch kommt uns, selbst wenn wir dumm sind, wie ein Landsmann vor.

Das Volk wird nur in subalternen Werken zum Thema.

Der Gebrauch bestimmter Wörter läßt sofort den Einfaltspinsel erkennen.

Die meisten politischen Ideen einer Epoche hängen vom Stand der militärischen Technik ab.

Der ontologische Beweis stellt die Notwendigkeit her, die Existenz Gottes zu bejahen – er beweist nicht die Existenz Gottes.

Die Philosophien werden nicht obsolet, sie werden langweilig.

Wer ein Prinzip bejaht, muß auch bereit sein, seine Anwendung zu überwachen.

Eigentlich hat niemand viel geschrieben; die meisten wiederholen sich nur.

Was ein alter Kritiker zu einem neuen literarischen Star sagt, trifft vielleicht nicht immer, liegt meist aber auch nicht ganz falsch.

Es gibt eine edle Illoyalität: die des Plebejers gegenüber der Plebs.

Der Wille ist dem Menschen gegeben, um bestimmte Dinge nicht zu tun.

Manche tragen das Stigma des Talents, ohne irgendein Talent zu besitzen.

Für den modernen Fortschrittler ist der sehnsuchtsvolle Blick zurück die oberste Häresie.

So nahe uns die Argumente auch an die Entscheidung heranführen – nichts erspart uns schließlich den Sprung.

Wollen wir dem ähnlich werden, was wir bewundern, dürfen wir es nicht nachahmen.

Weigern wir uns, eine Meinung zu dem Thema zu haben, das den Pöbel erhitzt.

Die kein Talent besitzen, sollten so eitel sein, zu schweigen.

Die improvisierte Idee erstrahlt und erlischt.

Die einschneidendsten individuellen und sozialen Katastrophen werden von den Opfern nicht bemerkt: die Individuen werden stumpfsinnig und die Gesellschaften verkommen, ohne sich dessen bewußt zu sein.

„Coriolanismus" könnte man die Empfindung nennen, die der Triumph der Plebs im unparteiischen Betrachter weckt.

Abgesehen davon, daß jedes Ereignis Text in einem Kontext ist, setzt es sich in einem Supra-Text fort.

Das Schwierige des schwierigen Philosophen ist meist seine Sprache und nicht seine Philosophie.

Man gewöhne sich nicht daran, mit „human" und „zivilisiert" das Verkrüppelte und das Schweinische zu bezeichnen.

Der ausreichend ernährte Mensch unterwirft sich der ärgsten Schmach.

Unverzeihlich bei einem Philosophen: Wenn die Wissenschaft ihn blendet und die Technik ihn erleuchtet.

Es gibt Aufgaben der Intelligenz, die Sache der Franc-tireurs sind; für die eigentlich wissenschaftlichen Aufgaben muß man ins reguläre Heer eintreten.

Es gibt Intelligenzen, die gleichzeitig unsere Bewunderung und unsere Antipathie wecken.

Es gibt keine soziologische Verallgemeinerung, die nicht das verzeichnet, was sie umreißt.

Eine philosophische Haltung wird durch ihr geheimes Paradigma bestimmt: das unausgesprochene Beispiel, auf das sich alles bezieht, was es zu verstehen gilt.

In der Kultur, die man kauft, nehmen falsche Noten überhand; nur die geerbte ist nie verstimmt.

Ob er das, was er weiß, auch verstanden hat, kann der Wissende oft selbst nicht sagen.

Die Moderne hat das Privileg, die Demut zu zerstören.

Daß es eine Kollektivseele gibt, entdeckt man, wenn man ein Kollektiv sieht, in dem sie gestorben ist.

Es ist anregender, die Philosophien als pittoreske Kapitel in der Geschichte des Denkens zu sehen, denn als ehrgeizige Kämpfe um die Wahrheit.

Zwei Krankheiten der Gesellschaft: entweder gibt es nur die Öffentlichkeit oder es gibt eine Trennung von Öffentlichem und Privatem.
– Gesund ist nur die Gesellschaft, in der der öffentliche Sektor der öffentliche Sektor des Privaten ist.

Der Determinismus ist Ideologie, die Freiheit ist Erlebnis.

Der Determinist pflegt der politischen Freiheit eine Bedeutung beizumessen, die den Anhänger der Theorie des freien Willens verblüfft.

In der gegenwärtigen Welt ist der Verzicht eine Geste des Anstands.

Burke konnte noch Konservativer sein. Die Fortschritte des „Fortschritts" verpflichten dazu, Reaktionär zu sein.

Die bloße Vernunft kann kein „Vorurteil" widerlegen, sondern nur zeigen, daß es einem anderen „Vorurteil" widerspricht.

Wann eine Idee entsteht, ist bedeutsam, um sie richtig zu sehen, darf aber kein Grund sein, um sie anzunehmen oder zurückzuweisen.

Der Christ macht sich nicht vor, daß die Probleme, von denen die Religion spricht, gelöst seien; er betrachtet sie von der Ewigkeit her.

Eine Theologie, die uns heute bewegen könnte, müßte sich darauf beschränken, Pascals „sensible au coeur" zu kommentieren.

Die unheilvolle Gleichförmigkeit, die uns bedroht, wird uns nicht von einer Doktrin aufgezwungen werden, sondern durch ökonomisch und sozial gleichförmige Bedingungen.

Wird das Bild nur als ästhetisches Objekt behandelt und nicht auch als System von Zeichen, verliert die Malerei eine ihrer Dimensionen.

Die Geste ist, mehr als das Wort, der wirkliche Übermittler der Traditionen.

„Escapismus" lautet die Anklage, die der Schwachsinnige bevorzugt.

Ich sah, wie die Philosophie nach und nach zerrann zwischen meinem Skeptizismus und meinem Glauben.

Das Trägheitsprinzip und der Begriff der natürlichen Auslese eleminieren die Notwendigkeit, einen Sinn hinter den Tatsachen zu suchen; aber sie beweisen nicht, daß es keinen Sinn gibt.

Die ganze Gemeinheit des Menschen zeigt sich nur in den riesigen formlosen Großstadtregionen.

Die wirkliche Eleganz muß immer vermeiden, was das zeitgenössische Publikum für elegant hält.

Würde das, was populär wird, nicht unweigerlich vulgär, müßte uns das Bekanntwerden dessen, was wir lieben, keine Sorgen machen.

Während die Zeitgenossen nur den Optimisten mit Enthusiasmus lesen, bewundert die Nachwelt den Pessimisten.

Es ist richtig zu fordern, daß der Schwachkopf die Künste, die Literatur, die Philosophie, die Wissenschaft respektiere, aber er soll sie schweigend respektieren.

Das Individuum zu erziehen heißt es lehren, den Ideen zu mißtrauen, die ihm einfallen.

Entscheidend am Christentum ist seine Wahrheit, nicht die Dienste, die es der profanen Welt zu leisten vermag.
– (Der vulgäre Apologet vergißt das).

Keine der großen Epochen war geplant.
– Fehler kann man nur Reformatoren vorwerfen.

In bestimmten Epochen wie der gegenwärtigen, wird die falsche Tiefe ein eigenes literarisches Genre.

Manche Dinge werden schon beschmutzt, wenn man nur über sie spricht.

Die Existenz geistiger Klimata setzt voraus, daß der Einzelne über-individuellen Entitäten angehört.
– Der simple Begriff des Einflusses oder der Ansteckung genügt nicht.

In jeder philosophischen Strömung wird das Denken sklerotisch, werden die technischen Probleme der Philosophie dominant.

Die Worte werden im Volke geboren, erblühen bei den Schriftstellern, sterben im Munde der Mittelschicht.

Die literarische Kritik wird geboren in den Zeitungen und stirbt in den Universitäten.

Jede Sache, die rentabel wird, fällt in gemeine Hände.

Der Regierende in Hemdsärmeln begeistert zunächst das Volk, später widert er sogar den Pöbel an.

Die Industrialisierung kennt eine einzige Alternative: Kapitalismus oder Kommunismus.
– Die alten, erträglichen Optionen schließt sie aus.

Der intelligente Hedonist genießt vor allem das Glück derer, die er liebt.

Brauchbar ist nur das Notwendige, reizvoll nur das Ungewisse.

In den letzten zwei Jahrhunderten hat es keine unschuldige Generation gegeben.

Die Zivilisation erobert nichts endgültig; sie feiert nur vorübergehende Triumphe.

Den gebildeten Menschen erkennt man daran, daß er sich nicht darum kümmert, einer zu sein.

Die Monarchen beinahe jeder Dynastie sind derart medioker geworden, daß sie wie Präsidenten wirken.

Erst mit den Jahren können wir unsere Ignoranz rücksichtsvoll behandeln.

Die Prosa ist vollkommen, wenn der begabte Leser nicht merkt, daß sie gut geschrieben ist.

Die Wahrheit wird sich nie beweisen; nur der Irrtum verrät sich früher oder später.

Die Demokratie kennt keinen Unterschied zwischen Wahrheiten und Irrtümern; sie unterscheidet nur populäre Meinungen von unpopulären Meinungen.

Das Volk fühlt sich heute nur frei, wenn es autorisiert ist, nichts zu respektieren.

Die dienenden Tätigkeiten verschwinden nicht, doch ihre Würde schwindet, tritt an die Stelle des freiwilligen Dienstes an Dritten die obligatorische Selbstbedienung.

Die literarischen Werturteile haben an Glaubwürdigkeit verloren, seit die unwissende Masse und die Universitätsexperten sich die Jurisdiktion über die Literatur teilen.

Der Moderne hat die Seele verloren und ist jetzt nichts als die Summe seiner Teile.

Der Gesellschaftsanzug ist der erste Schritt zur Zivilisation.

Eine Erziehung ohne Humaniora bereitet nur auf unfreie Tätigkeiten vor.

Neben den zivilisierten Gesellschaften und den halb-zivilisierten Gesellschaften gibt es pseudo-zivilisierte Gesellschaften.

Ohne den Kontext der Renaissance ist „Humanist" ein lächerliches und leeres Wort.

Wo es nur noch Volk gibt, ist der Tyrann sicher.

In den Humanwissenschaften nehmen die von ihrer Natur her dem Verstand nicht zugänglichen Probleme überhand – für den nordamerikanischen Professor wie für den marxistischen Intellektuellen.

Die bloße Beschreibung ist noch nicht wirkungsvoll – sie muß den Leser auch glauben machen, sie habe wirklich etwas beschrieben.

Der wahre Christ resigniert vor dem Unabwendbaren: er vertraut der Impertinenz unablässigen Betens.

Die Kirchenväter haben die falsche Theologie des Heidentums nicht von seiner authentischen Religiosität unterscheiden können.

Gelangweilt wie ein Staatsgast.

Die Zivilisation lebt, solange sich Spuren aristokratischer Gewohnheiten erhalten.

Die Industrialisierung der Landwirtschaft verschüttet die Quelle der Ehrbarkeit in der Welt.

Wo die Akkumulation des Reichtums keine politischen, sondern ökonomische Ursachen hat, sind die Armen weniger arm und die Reichen reicher.

Die Häresie, die in unserer Zeit die Kirche bedroht, ist der *terrenismo*.

Weil die Meinungen sich ändern, glaubt der Relativist, die Wahrheiten änderten sich.

Experten kann es nur für die subalternen Angelegenheiten geben.
– Das Wichtige läßt sich niemals auf Normen zurückführen; es bleibt Wagnis der Intelligenz.

Rührselig wie das Geständnis eines Poeten in einem Interview.

Die Kunsthändler wären nicht so schlimm, betrieben sie ihr Geschäft nicht mit apostolischer Rhetorik.

Wer vor einer neuen Erfindung nicht erzittert, kennt nicht die Geschichte der Erfindungen.

Die Popularität ist dem Mediokren reserviert; das Erhabene muß sich mit dem Ruhm begnügen.

Die Fragmente der Vergangenheit beschämen die moderne Landschaft, in der sie überlebt haben.

Die Naturwissenschaften können zweckmäßigerweise von Sklaven betrieben werden; die Humanwissenschaften brauchen freie Menschen.

Der Glaube ist teils Intuition, teils Wette.

Die Probleme einer Epoche, die der Nachwelt wichtig scheinen, haben die Zeitgenossen meist nicht im geringsten beschäftigt.

Die Goldene Regel in der Politik: nur winzige Veränderungen in der größtmöglichen Langsamkeit vornehmen.

Die Geschichte ist nur zwischen dem 5. und dem 12. Jahrhundert erträglich; zwischen Konstantin und Dante.

Die allgemeine Intelligenz ist mit der technischen Intelligenz unvereinbar.

Das Wort „Fortschritt" bezeichnet eine wachsende Akkumulation wirksamer Techniken und stumpfsinniger Meinungen.

Das Volk trifft zuweilen ins Schwarze, wenn es erschrickt; doch täuscht es sich stets, wenn es sich begeistert.

Es gibt literarische Genres – etwa die „Gothic novel" – die wie eine Parodie ihrer selbst anmuten.

Nur die theozentrische Vision hat nicht die absolute Bedeutungslosigkeit des Menschen zum Ergebnis.

Die authentische Klassik überwindet den traditionellen Antagonismus von „klassisch" und „romantisch".

Die Klarheit des Textes ist das einzig unbestreitbare Zeichen für die Reife einer Idee.

Eine politische Struktur, die der „Vernunft" kein Ärgernis ist, wird in kurzer Zeit unerträglich sein.

Jeder technische Fortschritt ist ein Abschnitt in der Vervollkommnung der Tyrannei.

Die einschneidenden historischen Ereignisse verändern die Völker in ihrer Substanz.

Warum sollen wir uns etwas vormachen? – Die Wissenschaft hat keine einzige wichtige Frage beantwortet.

Der literarische Snobismus ist eine unentbehrliche Tugend.

Wiederlesen beerdigt meistens und läßt nur selten auferstehen.

Die ungerechte Ungleichheit heilt man nicht mit Gleichheit, sondern mit gerechter Ungleichheit.

Die Pseudo-Bedeutung ist immer noch das bevorzugte Ausdrucksmittel der Literatur- und Kunstkritiker.

Ich fühle mich mehr und mehr wie einer von diesen *quidem non admodum indocti,* denen *totum hoc displicet philosophari.*

Erziehung im eigentlichen Sinne gibt es nur in Gesellschaften, in denen die soziale Stellung der Familien, sei sie hoch oder niedrig, Generationen hindurch gleich geblieben ist.

Das wahre Desaster der Linken wird offenbar, wenn sie hält, was sie verspricht.

Ausgeliefert der demokratischen Predigt, verliert das Volk die ihm eigenen Tugenden, ohne die der Klasse zu erwerben, die es beneidet.

Die Beschreibung hängt weniger von Epitheta und Metaphern ab als vom Rhythmus und vom Wohlklang.

Die Redensarten sind bildhaft, vergnüglich, praktisch; literarisch jedoch abscheulich.

Die Literatur über einen Autor ist am Anfang Brücke zwischen ihm und dem Publikum und am Ende Barriere zwischen dem Publikum und ihm.

Wir dürfen nicht beabsichtigen, den klugen Gedanken dem klug erscheinen zu lassen, der es selbst nicht ist.

Zu den schönsten menschlichen Beziehungen zählt das herzliche Verhältnis zwischen Herr und Knecht.

Die literarischen Genres tragen nicht zu allen Zeiten der Geschichte gleiche Frucht.
Der Roman zum Beispiel ist ein Genre des 19. Jahrhunderts; davor ist er Prolog, danach Epilog.

Soll die „Zivilisation" etwas anderes sein als ein Repertoire von Techniken in barbarischen Händen, hat der soziale Aufstieg selten und langsam vonstatten zu gehen.

Wenn mich an einem Stile etwas bezaubert, scheint es der Klassik zu entstammen.

Nur eine politische und soziale Struktur, die es unmöglich macht viel zu regieren, garantiert eine gute Regierung.

Der Millenarismus des modernen Klerus ist häretischer als der traditionelle Millenarismus: er ist eher die Konsequenz menschlicher Anstrengung denn die Verkündung des kommenden Reiches.

Wirkliche Freiheit besteht nur dort, wo eine Vielzahl von Herren es erlaubt, leicht von einem zum anderen zu wechseln.

In der gesunden Gesellschaft ist der Staat Organ der regierenden Klasse; in der mißratenen Gesellschaft ist er Werkzeug der Bürokratie.

Die „Urkirche" war stets die bevorzugte Rechtfertigung des Häretikers.

Wenn der Dummkopf merkt, daß die Gewohnheiten sich ändern, sagt er, die Moral ändere sich.

Sicherheit besitzt der Christ nur in der persönlichen Moral; wenn er irgendeine soziale Reform unterstützt, kann er sich täuschen.

Die meisten der im eigentlichen Sinne modernen Gewohnheiten wären in einer zivilisierten Gesellschaft Verbrechen.

Die Mehrheiten lassen die Macht nicht so schnell verkommen wie die Halbgebildeten.

Die oberen Klassen sind der Ort, an dem die Gesellschaft sich Sauerstoff zuführt.

Der liberale Staat ist nicht die Antithese des totalitären Staates, sondern dessen symmetrischer Irrtum.

Die Philosophie löst kein einziges wissenschaftliches Problem; die Wissenschaft hinwiederum löst kein einziges philosophisches Problem.

Die Linke behauptet, schuld am Konflikt sei nicht, wer fremde Güter begehrt, sondern wer die eigenen verteidigt.

Fragen der Freiheit oder des Gewissens entziehen sich der Wissenschaft.

Die Methoden der Wissenschaft sind philosophisch von Belang, ihre Ergebnisse sind es nicht.

Der vollständig Freie erniedrigt sich bald.

Der Neid erklärt mehr als der Geschlechtstrieb.

Die Demokratie ist wesentlich axiologischer Relativismus; die Reaktion axiologischer Objektivismus.

Sagen wir unserem Gegner frei heraus, daß wir seine Ideen nicht teilen, weil wir sie verstehen, und daß er die unseren nicht teilt, weil er sie nicht versteht.

Wo man den Gesetzgeber nicht für allmächtig hält, überlebt das mittelalterliche Erbe.

In der Demokratie verhält sich die Populartität eines Regierenden proportional zu seiner Vulgarität.

„An den Menschen glauben" ist noch keine Blasphemie, sondern nur eine Dummheit mehr.

Wer nicht unseren Widerwillen teilt, versteht nicht unsere Ideen.

Ganz kennen wir nur, was zu lehren wir uns nicht fähig fühlen.

Verstehen heißt nicht, von der Transzendenz zur Immanenz zu gelangen, sondern von der Außenwelt zur Transzendenz.

Die Religion ist nicht wirksam, wenn sie sozio-politische Lösungen übernimmt, sondern wenn sie es erreicht, daß rein religiöse Verhaltensweisen unmittelbar auf die Gesellschaft einwirken.

Der Beruf verwandelt das Individuum in ein soziales Utensil.

Nachdem die allgemeinen Wahlen im vergangenen Jahrhundert das Instrument des politischen Radikalismus waren, haben sie sich, wie Tocqueville es voraussah, in einen Mechanismus des Beharrens verwandelt.

Das technisch Perfekte ist stets unzureichend.

Jeder Stil gehorcht Prinzipien, doch er wird unfruchtbar, gelingt es, sie beim Namen zu nennen.

Von den großen Männern darf man mit Feindseligkeit sprechen, aber nie mit Herablassung.

Klassik, Romantik und Realismus sind die eine Partei; Barock, Manierismus und Modernismus die andere.

Das wahre Verdienst der modernen Kunst besteht darin, uns die Augen für die nicht-klassischen Stile geöffnet zu haben.

In den Evangelien verstehe ich das Mythische symbolisch und die Wunder buchstäblich.

Sowie man eine ernsthafte kulturelle Tätigkeit mit dem Namen bestimmter Nationen in Verbindung bringt, ist sie in ihrer Bedeutung gemindert.

Jedes von einem Rhetor, Intellektuellen, Demagogen oder Techniker inspirierte historische Geschehen läßt zum Schluß das Volk im Blut ertrinken.

Die Kirche erzog; die Pädagogik der modernen Welt instruiert nur.

Es gibt Augenblicke, in denen der schlimmste Fehler, das schlimmste Verbrechen, die schlimmste Sünde die schlechte Erziehung zu sein scheint.

Die sogenannten Vorurteile der oberen Klassen bestehen meist aus angesammelten Erfahrungen.

Der demokratische Staat ist das Werkzeug, mit dem zuerst die Mehrheiten die Minderheiten unterdrücken und später die Mehrheiten sich selbst.

Das Wahlrecht ist nur, wenn es streng beschränkt wird, mit der Zivilisation vereinbar.

Um die Institution zu retten, wirft der moderne Klerus die Botschaft über Bord.

Alle Berufe als gleichrangig zu betrachten ist der Wirklichkeit ebenso entgegengesetzt wie der individuelle Egalitarismus.
– In einer Zivilisation bilden die Berufe eine hierarchische Ordnung.

Das Individuum stellt sich weniger in seinen Widersprüchen dar, als in der Art, in der es mit ihnen lebt.

Besitzen wir die Schamlosigkeit, das Buch, das uns anödet, als schlecht zu bezeichnen, ohne Vorwände für unseren Überdruß zu suchen!

Was an der Unverschämtheit des Heute gegenüber der Vergangenheit tröstet, ist die vorhersehbare Unverschämtheit der Zukunft gegenüber dem Heute.

Zwischen zwei historischen Perioden sind die Ähnlichkeiten scheinbar und nur die Unterschiede wirklich.

Es hat keinen Sinn, dem Zeitgenossen die Vulgarität der heutigen Welt vor Augen zu führen: es ist gerade diese Vulgarität, die ihn verführt und begeistert.

Es genügt, die Göttlichkeit Christi zu leugnen, um das Christentum zum Haupt aller modernen Irrtümer zu machen.

Der Staat will den obligatorischen und kostenlosen Unterricht, *ut hominem stupidum magis etiam infatuet mercede publica.*

Barock, Manierismus, Modernismus sind vornehme Krankheiten, aber eben doch Krankheiten.

Der Überfluß an Künstlern in unserer Zeit ruiniert das Ansehen der Künste.

Die Mythen vermögen wahr zu sein, ohne wirklich zu sein – wie die Darstellung mit den Mitteln der Kunst.

Um an die Möglichkeit des Wunders zu glauben, genügt es, das Zufallshafte der „Notwendigkeit" zu betrachten.

Alles in der Welt beruht letztlich auf einem „eben darum".

Überraschender als die meisten Überzeugungen sind die Argumente, mit denen sie auftrumpfen.

Eine These erreicht ihre Klarheit erst, wenn ein intelligenter Mensch sie darstellt, der nicht an sie glaubt.

Die Religion verdunstet, wird sie verfeinert.
– Die religiösen Glaubenssätze müssen volkstümlich und holzschnittartig sein.

Worte drücken das Religiöse am schlechtesten aus.
– Architektur, Bildhauerei, Malerei, Musik können das besser.

Was von Gott entfernt, ist nicht die Sünde, sondern der Versuch, sie zu entschuldigen.

Selbst die demokratische Praxis ist eher zu ertragen als der „demokratische Geist".

Die „Kultur fördern" wollen und dazu die Lektüre der „nationalen" Autoren zu empfehlen, ist, von wenigen Ländern abgesehen, ein in sich widersprüchliches Unternehmen.

Seitdem der Immoralismus populär geworden ist, hat er für den gebildeten Menschen sein Prestige verloren.

Die geheime Sehnsucht jeder zivilisierten Gesellschaft ist es nicht, die Ungleichheit abzuschaffen, sondern ihren sittlichen Charakter zu verwirklichen.

Der Erfolg bestimmter Bücher ist unbegreiflich – sie sind nicht mittelmäßig genug.

Die fälschlich „städtische Revolution" genannte Bewegung des 12. Jahrhunderts war nicht der erste Akt des demokratischen Abenteuers und gehört nicht zur modernen Geschichte.
– Die kommunale Bewegung hatte das Ziel, eine neue soziale Klasse, das Bürgertum, in das feudale System und die kirchliche Hierarchie einzugliedern.
– Die Bewegung widersprach nicht dem sozialen Gefüge des Mittelalters, sondern vervollständigte es.

Nur das reaktionäre Denken trägt kein ideologisches Stigma, weil es nackte und freimütige Verteidigung des Privilegs ist.

Der moderne Klerus hat die Ordnung der Gebote Jesu berichtigt: er läßt Gott weg und befiehlt, den Nächsten über alles zu lieben.

Die geschwätzigen Abhandlungen des Ungläubigen wirken auf den Christen nicht blasphemisch, sondern nur dümmlich.

Die „Natur" ist eine prä-romantische Entdeckung, die von der Romantik verbreitet wurde und die von der Technik in unseren Tagen gemordet wird.

„Rationalismus" nennt man eine intellektuelle Haltung, die als rational nur ansieht, was zu unserem physischen Wohlergehen beiträgt.

Die Religion gerät nicht durch die primitiven Kulte in Mißkredit, sondern durch die nordamerikanischen Sekten.

Lebendig ist nur ein „kultureller Nationalismus", den eine plötzliche Welle von Internationalismus nicht auslöscht.

In der modernen Gesellschaft ist der Kapitalismus die einzige Barriere gegen den inhärenten Totalitarismus des industriellen Systems.

Das Ideal des Reaktionärs ist keine paradiesische Gesellschaft. Es ist die Gesellschaft der Friedenszeiten in Alteuropa, – vor der demographischen, industriellen und demokratischen Katastrophe.

Das Problem der zunehmenden Inflation wäre lösbar, wenn die moderne Menschheit nicht jedem Versuch, die Habgier zu beschränken, einen unüberwindlichen Widerstand entgegensetzte.

Aussprechen darf nur, wer weiß; die anderen haben sich mit Anspielungen zu begnügen.

Romantischer Geist und klassische Form – das Werk, das sich dieser Formel am meisten nähert, besitzt in jeder Kunst die größte Verführungskraft.

Jede Mythologie ist auf eine bestimmte Weise zutreffend, jede Philosophie ist auf eine bestimmte Weise falsch.

Der naivste Aberglaube: zu glauben, die Wissenschaft reiche aus.

Im Gegensatz zur vulgären Tendenz, das Religiöse auf das Ethische zu reduzieren, entdeckte die Romantik über das Ästhetische das Eigentliche des Religiösen.

Das Volk ist zivilisiert, solange es noch Spuren einer oberen Klasse mit der Peitsche in der Hand gibt.

Die frühe Kirche konnte mit der hellenistischen Welt verschmelzen, weil die antike Zivilisation religiös war. In der Gegenwart korrumpiert sich die Kirche, wenn sie paktiert.

Die Bewunderung, die griechische Literatur und griechische Kunst erwecken, hat der Nachwelt den Blick auf den griechischen Menschen verstellt: neidisch, illoyal, sportbegeistert, demokratisch und homosexuell.

Ohne die glückliche Paralyse des griechischen Genius hätte die technologische Tendenz des frühen Hellenismus wahrscheinlich die furchtbare moderne Welt vorweggenommen.

Der Unterschied zwischen der mittelalterlichen und der modernen Welt ist klar: in der mittelalterlichen war die Struktur gesund und bestimmte Abläufe fehlerhaft, in der modernen sind gewisse Abläufe intakt geblieben und die Struktur ist im Ganzen fehlerhaft.

Der Handwerker ist ein Organismus; der Industriearbeiter ist ein Organ.
– Der eine ist konkrete Person, der andere ist verstümmeltes Individuum.

Wo das Recht nicht auf der Gewohnheit beruht, verwandelt es sich schnell in eine politische Waffe.

Je eifriger man einen Mythos in Ideen übersetzen will, desto mehr entfernt man sich von seiner Wahrheit.

Warum sollte nach mehreren Jahrhunderten sowjetischer Hegemonie die Konversion eines neuen Constantin ausgeschlossen sein?

Der Kommentator nimmt den Text meist ernster als der Autor selbst.

Die Teilung der Gewalt ist die Bedingung der Freiheit.

– Nicht die formale und stets gefährdete Teilung in Exekutive, Legislative und Judikative, sondern die Teilung in drei in sich geordnete, konkrete und starke Gewalten: in die monarchische, die aristokratische und die populare Gewalt.

Die Philosophien sterben nicht, weil sie widerlegt werden, sondern weil man aufhört, sie zu diskutieren.

In den Humanwissenschaften sind die Irrtümer zyklisch: die Wahrheit erstrahlt einen Augenblick lang zwischen zwei Erscheinungsformen des gleichen Irrtums.

Das allgemeine Niveau einer Gesellschaft wird niedriger notiert, wenn das soziale Prestige ihrer Notablen erlischt.

Ein Volk, das sich erhebt, brüllt zunächst; dann besäuft es sich, raubt, mordet und legt sich dann wieder schlafen.

Nichts ist reizvoller, als einsam über unlösbare Probleme zu meditieren; nichts erregt mehr Überdruß, als sie mit dritten zu diskutieren.

Die Tragödie der Sinne in der Moderne liegt im zunehmenden Technizismus des alltäglichen Lebens, der uns zwingt, das alte scholastische Axiom umzukehren: *nihil est in sensu quod prius non fuerit in intellectu.*

Der Zufall ist zuweilen Künstler, der von Erörterungen geschwächte Wille ist es nie.

Der perfekte Konformist der Gegenwart ist der Ideologe der Linken.

Offenkundig ist „jeder nur das wert, was er ist".
– Dazu gehört aber auch das, was er geerbt hat und was die Umgebung, in der er geboren wurde, auf ihn ausstrahlt.

Übersehen wir die Kunst einer Epoche, wird uns ihre Geschichte zu einem monochromen Bild.

Keine minutiöse Erklärung taugt soviel, wie eine kurze Erleuchtung.

Die historischen Ereignisse verlieren in dem Maße an Interesse, in dem sich die Zeitgenossen daran gewöhnen, sie mit Kategorien der Säkularisation zu beurteilen.
– Ohne die Intervention von Göttern wird alles langweilig.

Wer das Kunstwerk nur als ästhetisches Objekt betrachtet, verstümmelt es.

Es genügt, ein Volk aufzurühren und ein fauliger Geruch breitet sich aus.

Jede Charlatanerie beginnt mit dem unschuldigen Mißbrauch einer Metapher.

Die Wahrheit ist nicht Ergebnis von Überlegungen, sondern unbeweisbares Postulat.

Der Moderne nennt „Wandel" das immer schnellere Marschieren auf dem gleichen Weg in die gleiche Richtung.
– In den letzten dreihundert Jahren hat sich die Welt nur in diesem Sinne gewandelt.
– Der bloße Vorschlag zu einem wirklichen Wandel empört und erschreckt den Modernen.

Die christlichen Progressisten verwandeln das Christentum in einen humanitaristischen Agnostizismus mit christlichem Vokabular.

Der Reaktionär ist nicht Ratgeber des Möglichen, sondern Bekenner des Notwendigen.

Die Kultur ist ein „elitäres" Phänomen.
– Es gibt keine volkstümliche Kultur; sie hat nur ihre volkstümlichen Abteilungen.

Jetzt weisen sie das Christentum nicht einmal mehr der Ethik zu, sondern nur noch der Soziologie.

Wer der heutigen Mode entsprechen will, fällt weniger lästig, als diejenigen, die der Mode von morgen nachjagen.
– Die Bourgeoisie ist erträglicher als die Avantgarde.

Der Wunsch, ein Gedicht zu übersetzen, darf dem, der es bewundert, zuletzt kommen.

Der moderne Klerus glaubt, den Menschen näher an Christus heranzuführen, wenn er dessen Menschentum betont.
– Er vergißt, daß wir Christus nicht vertrauen, weil er Mensch ist, sondern weil er Gott ist.

Es gibt eine Barbarei mit sehr niedriger und eine Barbarei mit sehr hoher demographischer Dichte.

Das volle Bewußtsein von der radikalen Nicht-Verständlichkeit der Welt führt uns zur radikalen Rebellion oder zur radikalen Unterwerfung.

Verglichen mit der sophistischen Struktur einer jeden historischen Tatsache, sind die Verallgemeinerungen des Marxismus von einer rührenden Unschuld.

Eine Bürokratie kommt dem Volke stets teurer zu stehen als eine Oberklasse.

Was von Bedeutung ist, erweist sich allein dadurch, daß es der wohlgeborenen Seele gefällt.

Man hüte sich vor denen, von denen man sagt, sie hätten „viele Verdienste".
– Sie haben stets eine Vergangenheit, die sich rächt.

Der Triumph der Geschichtsschreibung: erklären, ohne zu philosophieren.

Wenn alles Ideologie ist, dann ist die Geschichte ein Karneval ohne Bedeutung.

In jeder kritischen Situation wendet sich der Liberale an den Konservativen, damit dieser ihn vor den Konsequenzen liberaler Ideen rette.

Man kann einfach feststellen, ob eine Idee intelligent ist: man muß herausbekommen, ob sie unpopulär ist.

Die theologischen Abhandlungen scheitern, wenn sie danach streben, logische Schlußfolgerungen aus Metaphern zu ziehen.

Das Wichtigste in der Philosophie ist die Linie, die das Gebiet eines Geheimnisses begrenzt.
– Der Unbekannte, der als erster sagte *individuum est ineffabile*, unternahm etwas Bedeutsameres als jener, der sich eine kühne Spekulation bildete.

Die moderne Welt ist aus dem Zusammenfluß dreier voneinander unabhängiger Ströme entstanden: der demographischen Expansion, der demokratischen Propaganda, der industriellen Revolution.

Will man nicht Konformist sein, darf man nicht Progressist sein.

Nichts stößt den Ungläubigen mehr ab als Apologien des Christentums, die auf dem intellektuellen Skeptizismus und der inneren Erfahrung beruhen.

Man muß grenzenlos naiv sein, um zu glauben, die Verbesserung irgendeines sozialen Zustands könne anders als langsam, in kleinen Schritten und ohne Betätigung des Willens geschehen.

Die Bedeutung der Ökonomie für die Interpretation der Geschichte ist unbestreitbar.
– Freilich darf die Interpretation nicht stehenbleiben bei Zwischenetappen wie Produktionsverhältnissen und Produktivkräften, sondern muß zur letzten Schicht vordringen: zur Wirtschaftsgesinnung,* zur ökonomischen Mentalität.

Nicht „Kreativität" sollte im Schüler entwickelt werden, sondern gescheite Passivität.

Jedes neue Jahrhundert erfindet ein pedantisches Vokabular, um vorzutäuschen, das es kennt, was es ignoriert.

Ein kritisches Studium scheint uns nur bei unwichtigen Autoren angebracht.

Die meisten Leute benutzen Vokabularien, die Sinn nur innerhalb systematischer Zusammenhänge haben, von denen sie nichts wissen.

In der Ästhetik kann man Irrtümer und Wahrheiten klar feststellen.
– Es genügt aber nicht, die Irrtümer zu meiden und die Wahrheiten anzunehmen, um dem Werk Wert zu verleihen.
– Der Wert verlangt immer ein Wagnis.

Was in der Philosophie nicht Fragment ist, ist Betrug.

Daß der Verzicht auf das „Wozu?" in der Wissenschaft fruchtbringend war, läßt sich nicht bestreiten und ist zugleich ein Eingeständnis der Niederlage.

---

* Im Original deutsch. (D. Übers.)

Volk ist jede Versammlung von mehr als 15 Personen.

Schreiben ist oft unvermeidbar, veröffentlichen fast stets schamlos.

Die Naturgesetze sind, wie jedes Mysterium, nicht erklärbar.

Der paternalistische Staat ist abscheulich, die paternalistische Gesellschaft ist bewunderungswürdig.

Jedes richtige Ergebnis in der einen Wissenschaft dient in der anderen dazu, Irrtümer zu fördern.

In einer aristokratischen Gesellschaft sind Gehorsam und Befehl ethische Verhaltensweisen und nicht nur praktische Notwendigkeiten.

Je veux qu'ils donnent une nazarde à Plutarque sur mon nez et qu'ils s'échaudent à injurier Seneque en moi.*

Bestimmte Dogmen des Christentums scheinen mir derart evident, daß es mir leicht fällt, an diejenigen zu glauben, an die zu glauben schwer fällt.

Glaubt man nicht an Gott, ist das einzig Anständige der vulgäre Utilitarismus.
– Alles übrige ist Rhetorik.

Die Literaturgeschichten werden zu Verzeichnissen von Toten, die nur offiziell überleben.

Nichts härter als die erzwungene Knechtschaft, nichts vornehmer und edler als die freiwillige und freie Knechtschaft.

---

* Im Original französisch. (D. Übers.)

Oberflächlich wie die soziologische Erklärung irgendeines Verhaltens.

Die Kunst für die Kunst, die Wissenschaft für die Wissenschaft, die Ethik für die Ethik, die Religion für die Religion.
– Jede andere Haltung wird zur Lüge.

Die waghalsigen Ideen haben ihren Ursprung nicht in tiefen Ahnungen, sondern in einer verstümmelten Anschauung des Gegenstands.
– Die Wahrheit ist eher bescheiden.

Im Altertum existierte nicht, was sich heute Philosophie nennt, und was sich damals Philosophie nannte, existiert heute nicht.

Was nicht Vorurteil ist, ist von Vorurteilen ausgegangen.

Das Ärgerliche an einem schwierigen Text: wenn man sich nach seiner Entzifferung plötzlich Trivialitäten gegenüber sieht, wie in der gegenwärtigen Literatur.

Die Aufgabe des Philosophiehistorikers besteht darin, das philosophische Kauderwelsch jeder Epoche für das Lexikon der *philosophia perennis* zu übersetzen.

Das Laster der Aufklärung ist nicht die „Abstraktion" – es ist die blinde und fanatische Bindung an bestimmte Postulate, die „Vernunft" genannt werden.

Das Zitat muß in den Text derart integriert werden, daß der Dummkopf meint, es sei ein Plagiat.

Der Fortschrittler weiß nicht, daß nichts in der Geschichte umsonst ist.
– Alles muß bezahlt werden.

Trotz einiger weniger Gegenbeispiele liegt die Gefahr beim Beurteilen zeitgenössischer Kunstwerke nicht darin, daß das Gute schlecht scheint, sondern daß das Schlechte gut scheint.

Reifen heißt verstehen, daß wir nicht verstehen, was zu verstehen wir geglaubt haben.

Deprimierend wie jeder optimistische Text.

Die zeitgenössischen Kommunikationsmedien verleihen dem Schwachsinn ein unwiderstehliches Ansehen.

Eine neue bessere Theorie läßt die vorhergehenden nicht nur falsch, sondern auch schwer verständlich erscheinen.

Um eine Schule zu gründen, genügt es in den Humanwissenschaften zuweilen, unfähig zu sein, sich genau auszudrücken.

Was im Modernen Enthusiasmus erregt, weckt, wenn nicht meinen Abscheu, so mein Mißtrauen.

Die Poeten nehmen überhand, die „Poesie" nennen, was nur eine Form geistiger Unverantwortlichkeit ist.

Um es zu besitzen, sollten wir nicht erwerben, was wir ererbt, sondern erben, was wir erworben haben.

Der Ungläubige kann intelligent sein, der Häretiker ist meistens dumm.

Wenige Länder, die es nicht verdienen, daß ein Tyrann sie regiere.

Die Einwände gegen einen dummen Gedanken in klarer Form ausgedrückt zu lesen, ist ein Vergnügen.

Die Dummheit stirbt nicht, doch muß man sie immer neu entlarven.

Der psycho-physische Parallelismus ist keine Theorie, sondern ein Versuch, dem Problem auszuweichen.

Nur zwei Dinge erziehen: einen Herrn zu haben oder Herr zu sein.

Die viel besungene „Herrschaft des Menschen über die Natur" wird nur die unbegrenzte Fähigkeit zum Menschenmord zum Ergebnis haben.

Nicht die „Primitiven" haben Angst vor der Seele, sondern die Psychologen.
– Der Psychologe ist zu jedem Manöver fähig, das ihm verspricht, den Begriff der Seele zu vermeiden.

Seit Wundt ist einer der klassischen Orte der „versteckten Arbeitslosigkeit" das Laboratorium für Experimentalpsychologie.

Recht ist nur das Vereinbarte, aber das Vereinbarte ist nicht das, was man vereinbaren wollte, sondern mußte.
– Das Recht ist nichts als Form, doch seine Materie ist axiologisch.

Das Furchtbare an der Kunstkritik: sie verleitet den Kritiker zu glauben, er sei Schriftsteller.

Nicht nur, daß der Preis für den Fortschritt unverschämt ist: die Mehrzahl der Fortschritte sind auch noch degoutant und kindisch.

Erfreuen sollten wir uns an der Wahrheit einer Idee, nicht an ihrem Triumph.
– Kein Triumph dauert.

Die moderne Technisierung der Landwirtschaft zerstört die agrarische Gesellschaft.
– Sie wandelt eine Lebensweise in eine bloße Produktionsweise um.

Eine zivilisierte Epoche duldet weder eine Poesie, die winselt, noch eine Prosa, die schreit.

Die Liebe darf ihren erotischen Frühling haben, doch der Herbst hat keusch zu sein.
– Wenige Vorstellungen sind peinlicher als die einer Begattung einer Vierzigjährigen durch einen Fünfzigjährigen.

Der Historismus protestiert nicht eigentlich gegen das „Naturrecht", sondern gegen den Inhalt, den die *Aufklärung** dem Naturrecht zuschrieb.

Die genaueste und kürzeste Definition einer wirklichen Zivilisation findet sich bei Trevelyan: *A leisured class with large and learned libraries in their country seats.*

Sicher ist eine Geschichte „Geschichte der menschlichen Freiheit", aber nicht der „Freiheit" als Begriff, sondern freier menschlicher Akte und ihrer unvorhersehbaren Konsequenzen.

Was „rational" genannt wird, ist die Haltung, die rational betrachtet so grundlos ist wie irgendeine andere.

Zwischen Determinismus und Fatalismus zu unterscheiden, ist eine Ausflucht, die der eingekreiste Determinist erfindet.

Die Reaktion ist nichts anderes als die Übersetzung der Prinzipien eines Constant, eines Humboldt, eines Mill, eines Tocqueville, in eine realistische Sprechweise.

---

* Im Original deutsch. (D. Übers.)

Alles, was wir grundsätzlich denken, müssen wir uns ohne Prüfung zu eigen machen.

– Es gibt keine „Vernunft", die uns von unserer Verantwortung befreit.

Wenn ein Volk die Religion verliert, erwirbt es unverzüglich alle bourgeoisen Defekte.

Nicht die Berücksichtigung der *covering laws* führt zur Gültigkeit einer historischen Erklärung; die gültige Erklärung ist vielmehr das Ergebnis der unmittelbaren Einsicht in eine konkrete Beziehung.

Die „Assoziationspsychologie" ist absurd, weil nicht die bloße Assoziation zweier Ideen eine dritte herstellt, sondern das Bewußtsein des Menschen, der assoziiert.

Um den ontologischen Gottesbeweis zu widerlegen, greifen alle auf irgendein Beispiel zurück, während doch nur das Argument greift, das auf das Beispiel Gott bezogen werden kann.

Mehr noch als die Technik ist die Mode die Ursache für die Gleichförmigkeit der modernen Welt.

Zur Ausübung der Tyrannei bedient sich die Demokratie der Judikative.

Im modernen Staat gibt es nur noch zwei Parteien: Bürger und Bürokratie.

Ein anständiges Wahlsystem: Wählbar ist nur, wer ablehnt, sich darum zu bemühen, gewählt zu werden.

Nichts vergeblicher, als die Arbeit des Gehirnes mit cerebralen Termini erfassen zu wollen.

Die „Philosophie der Kunst" von Taine vernachlässigt offensichtlich das Axiologische, definiert aber zum Teil das Ontologische der Werke.

Die seriöse Geschichtsschreibung des 20. Jahrhunderts stellt die Irrtümer richtig, die der demokratische Enthusiasmus in der Geschichtsschreibung des 19. Jahrhunderts verursacht hat.

Bis gestern hatte die Gesellschaft Notable, heute hat sie nur Notorische.

Die Gleichheit ist nicht die Gerechtigkeit, sie versucht nur die Verpflichtung zu umgehen, das *suum cuique* zu finden.

Die moderne Metropole ist keine Stadt, sie ist eine Krankheit.

Ein klassischer Kunstgriff der Linken besteht darin, Weg und Ziel zu identifizieren: allgemein anerkannte Ziele mit umstrittenen Methoden.
– Wer diese oder jene Methode der Linken kritisiert, scheint auf diese Weise das von allen akzeptierte Ziel zurückzuweisen.

Notwendigkeit und Freiheit sind keine symmetrischen Konzepte: Bejahe ich die Notwendigkeit, leugne ich die Freiheit; aber wenn ich die Freiheit bejahe, leugne ich nicht jede Notwendigkeit.

Erfolg an sich ist nicht schon verächtlich.
– Aber es ist nicht wichtig, Erfolg zu haben.

Der Liberale mit guten Intentionen ist für schwere Irrtümer wie geschaffen.

Um bestimmte Mängel und Laster zu bekämpfen, muß man nur die entgegengesetzten Laster und Mängel begünstigen.

Die Vulgarität ist nicht so schlimm wie ihre Verteidigung und ihre Verherrlichung.

Die Tüchtigen zwingen uns, tüchtig zu werden oder anständig zu sein und zugrundezugehen.

Wo das Christentum verschwindet, erfinden Habsucht, Neid und Geilheit tausend Ideologien, um sich zu rechtfertigen.

Bei nur wenigen Personen ist die Differenz zwischen den Überzeugungen, die sie zu besitzen glauben, und denen, die sie tatsächlich haben, gering.

In den Demokratien sind die politischen Parteien zunächst die Konsequenz eines Programms; danach sind die Programme Vorwände für die Parteien.

Ich vertraue nur einer Philosophie, die die elementaren religiösen Einsichten bestätigt.

Nicht der Erfinder, sondern wer die Erfindung möglich gemacht hat, ist der Vater einer Idee.

Die zeitgenössische Kirche behandelt die Gläubigen wie Wähler. – Sie zieht den Enthusiasmus der großen Massen den individuellen Bekehrungen vor.

Niemand ist so leicht zu empören wie der tugendhafte Ungläubige.

Niemand in der Politik kann die Folgen vorhersehen; weder die Folgen der Zerstörung, noch die Folgen des Aufbaus.

Die „Menschenrechte" sind weder bestimmbar noch beweisbar, dienen aber dem Individuum als Vorwand, den Gesetzen Widerstand zu leisten.

– Das einzige Recht des Menschen ist der Dienst, der ihn von seiner Schuld gegenüber dem anderen freimacht.

Der moderne Kleriker vergißt in seinem apostolischen Eifer, daß man die Kampfesweise der Zeit anzupassen hat, nicht aber die Botschaft.

Die angenehme Lektüre ist meist nicht ersten Ranges, sondern entstammt der zweiten Reihe.

Gibt man ihm nicht alles, was er verlangt, erklärt sich der Linke zum Opfer einer strukturellen Gewalt, die er mit physischer Gewalt abwehren darf.

Die Demokratie ist „elitär". Immer will sie wählen, auch wenn sie immer schlecht wählt.
– Monarchie und Aristokratie nehmen den genetischen Zufall einfach hin.

Die Philosophen gehen von ihren Schlußfolgerungen aus, um ihre Prinzipien zu erfinden.

Der moderne Poet bemerkt nicht die Lächerlichkeit seiner fast immer unangemessenen Metaphern.

Nicht nur, daß der menschliche Müll sich in den Städten anhäuft – die Städte werden dadurch selber zu Müll.

Manche Bekenntnisse sind in einem Buch erlaubt und in einer Zeitung schamlos.

Das Publikum lobt selten ein Buch aus Bewunderung, sondern bewundert es, weil es gelobt wird.

Linker sein heißt glauben, die Vorzeichen der Katastrophe seien die Omina von Wohlfahrt und Glück.

Der Egalitarismus ist weniger eine Frucht des Neides als der angeborene Widerwille, irgendeine Art von Überlegenheit hinzunehmen.
– Er hat kein konkretes Ziel, sondern ist ein Laster der Seele.

Der Anspruch, zu wissen, was man nicht wissen kann, macht den religiösen Diskurs immer wieder unerträglich.

Es gibt in der Literatur eine Manier zu zitieren, die sofort den Unberufenen anzeigt.

Wenn man die ersten Augenblicke des revolutionären Enthusiasmus ausnimmt, gehört die Mehrzahl der Bevölkerung jedes Landes und jeder Epoche der rechten Mitte an.

Unmöglich, einem Autor Gerechtigkeit widerfahren zu lassen, der uns langweilt.

Der Wähler wählt nicht einmal, was er will, wenn er wählt, was er zu wollen glaubt.

Eine der schlimmsten geistigen Katastrophen liegt in der Aneignung der Begriffe und des Vokabulars einer Wissenschaft durch mediokre Intelligenzen.

Wer sich des linken Wortschatzes bedient, kann dem Volk heute abverlangen, was er will.

Die moderne Welt besitzt keine andere Lösung als die des Jüngsten Gerichts. – Möge sie enden.

In seinem kindischen und eitlen Eifer, das Volk zu verführen, behandelt der moderne Klerus die sozialistischen Programme als seien sie zu verwirklichende Entwürfe der Ewigen Seligkeit.
– Der Trick besteht darin, das Individuum auf eine kollektive und externe Struktur zu reduzieren, obwohl doch ein ethisches Verhalten unmöglich ist, wenn es nicht im Inneren des Einzelnen verankert ist.

– Mit anderen Worten: Der moderne Klerus predigt, daß eine soziale Reform fähig sei, die Folgen der Sünde zu tilgen.
– Daraus folgt, daß man die Rettung durch Christus nicht mehr braucht.

Die menschliche Natur ist kein Ergebnis der Gesellschaft, sondern ihre Ursache.

Nietzsche ist nur ungezogen; Hegel ist blasphemisch.

Das Laster der mittelalterlichen Scholastik bestand nicht darin, *ancilla theologiae* zu sein, sondern *ancilla Aristotelis*.

Der Untertan, dem eine Freiheit gewährt wurde, verteidigte sie gemeinsam mit seinem Herrn; der Bürger, der seine Freiheit sich selbst verdanken will, setzt sie ohne Gegenwehr allen Angriffen aus.

In der Gegenwart kann man nur noch wählen zwischen anachronistischen Meinungen und niederträchtigen Meinungen.

Eine These erscheint weniger falsch, nachdem sie widerlegt worden ist.

Die Evangelien und das Kommunistische Manifest verblassen; die Zukunft der Welt gehört Coca-Cola und der Pornographie.

Wichtig ist nicht, daß der Mensch an die Existenz Gottes glaubt; wichtig ist, daß Gott existiert.

Fast unmöglich, daß der Pöbel einen Schmutz wahrnimmt, der nicht seine Gesundheit oder sein Leben bedroht.

Der Neid ist meist die wahre Sprungfeder der moralischen Empörungen.

Nicht die mangelnde Zustimmung des Volkes hat die Struktur der alten abendländischen Gesellschaft zerstört, sondern der Dünkel der Mittelschicht.

Das konkrete Geschöpf, das wir lieben, ist niemals der Rivale Gottes. Was in der Apostasie endet, ist die Anbetung des Menschen, der Kult der Menschheit.

Das einzige, was das Ich beweisen kann, ist, daß es ist. Das einzige, was es widerlegen kann, ist, daß es Gott ist.
Cogito, ergo sum.
Cogito, ergo non sum Deus.
Ich weiß, daß ich bin und wenn ich nicht weiß, was ich bin, weiß ich, was ich nicht bin.
– In der zweiten der einzigen unwiderlegbaren Wahrheiten stößt die moderne Welt gegen ihre tödliche Widerlegung.

Den „Nächsten" an die Stelle Gottes zu setzen, war das Ziel des liberalen Protestantismus des vergangenen Jahrhunderts und des post-konziliaren Katholizismus.

Wer mit Hilfe einer Doktrin in die Geschichte eingreift, wird allenfalls die Karikatur seiner Absicht verwirklichen.

Ra, Anu, Baal, Zeus sind nicht Rivalen des höchsten Gottes, sondern subalterne Götter.
– Nur der Mensch will Gegen-Gott sein.

Sich der Sorge um den Nächsten hinzugeben, erlaubt dem Christen, sich seine Zweifel über die Göttlichkeit Christi und die Existenz Gottes zu verhehlen.
– Die Barmherzigkeit kann die subtilste Form der Apostasie sein.

Die Wahrheiten sind nicht relativ. Relativ sind die Meinungen über sie.

Reaktionär sein heißt begriffen haben, daß man weder beweisen noch überzeugen kann, sondern nur einladen.

Wer das Wort „rational" gebraucht, ohne es in Beziehung zu einem Postulat zu setzen, spricht nur eine Phrase aus.

Der „Rationalismus" ist nicht Ausübung der Vernunft; er ist das Ergebnis bestimmter philosophischer Unterstellungen, die den Anspruch erhoben haben, mit der Vernunft in eins gesetzt zu werden.

Das Nachdenken bejaht oder widerlegt, aber die Überzeugung oder die Idee waren stets schon vorher da.

Der Individualismus ist heute die einzige Verteidigung, die uns gegen den Kollektivismus geblieben ist, den der Individualismus von gestern hervorgebracht hat.

Der schlimmste Zustand der Gesellschaft: die Herren werden nicht zum Befehlen erzogen.

Der „Rationalismus" ist nicht Mißbrauch der Ratio, sondern nur Mißbrauch des Begriffs.

Kant öffnete die Verliese der *Aufklärung;* ließ den Gefangenen jedoch im Innenhofe des Kerkers allein.

Der Fehler der platonischen Theorie der Idee liegt darin, allen die Autonomie und die Fähigkeit, die Werte zu erkennen, zuzuschreiben.

Die Panegyriker der Demokratie sind Apologeten des Neides.

Bei der Entscheidung für einen Wert kann die Wissenschaft nur eine instrumentelle Funktion übernehmen.
– Sie kann lediglich anzeigen, was möglich ist, und wie es möglich ist oder was unmöglich ist und warum es unmöglich ist.

Nur schreibend kann man sich von dem Jahrhundert trennen, in dem man geboren wurde.

Martin Mosebach
Ein Besuch bei Nicolás Gómez Dávila

Im Norden der Stadt Bogotá, an einer von vielen Omnibussen befahrenen lauten Straße, steht unter zerrupften Eukalyptusbäumen ein blasses, wohlproportioniertes Haus im Tudor-Stil. Die kleinen Scheiben der Fenster scheinen blind. Im Dämmer der Halle haben sich die Bewohner versammelt, um einen der seltenen fremden Besucher zu begrüßen. Hierarchisch geordnet umgeben die Söhne, die Tochter und die Schwiegertöchter, die Enkel und Urenkel den Hausherrn, der am Ende der Halle in der Mitte steht und, obwohl gebeugt, an Körpergröße alle überragt. Das ist der Haushalt des achtzigjährigen Don Nicolás Gómez Dávila.

„Es ist mir niemals wieder wichtig geworden, wo ich lebe, seit ich gesehen habe, wie die geräumigen, baufälligen Häuser starben und die weiten, einsamen Felder meiner Kindheit sich mit industriellem und menschlichem Unrat bedeckten." Dieser Satz stammt aus einem fast unbekannten Werk, einer Folge von Büchern, die in den letzten sechzig Jahren in der Bibliothek des Hauses in der Carrera 11 entstanden sind.

Das Werk ist von antiker Einfachheit; es gibt keine Briefe, keine Gedichte und keine Artikel. Die Titel der Bücher könnten in ihrer Sachlichkeit von einem Bibliothekar stammen, der namenlose Manuskripte registriert: „Notas", „Textos" und das Hauptwerk, die Aphorismen-Bände „Glossen", „Neue Glossen" und „Weitere Glossen zu einem impliziten Text". Alle Werke sind als Privatdrucke oder in so geringer Auflage erschienen, daß sie schon in Südamerika nur schwer zu finden sind. Die „Glossen" und die „Neuen Glossen" sind – unter dem Titel „Einsamkeiten" und „Auf verlorenem Posten" – jedoch in einer deutschen Auswahl zu haben. Hierzu tritt nun der letzte Band, unter dem Titel: „Aufzeichnungen des Besiegten". Um die Wirkung dieser Ausgaben einzuschätzen, genügt es, an den „Anschwellenden Bocksgesang" des Botho Strauß zu erinnern, in dessen Wendungen und Gedanken manches von Gómez Dávila wiederzuerkennen ist.

„Die griechische Literatur ist in der Hauptsache eine Kolonialliteratur gewesen" – mit dieser literarhistorischen Feststellung gibt Gómez Dávila zugleich einen Hinweis zum eigenen Werk. Die „Glossen" sind die Gedanken eines Europäers, der sich aus den Kolonien an den mütterlichen Kontinent wendet. Gómez

Dávila hat niemals aufgehört, sein Vaterland für den unglücklichsten Fall einer Kolonie, die freigelassene Kolonie nämlich, zu halten, obwohl er ein Ururenkel jenes Antonio Nariño ist, der die Deklaration der Menschenrechte zuerst ins Spanische übersetzte und damit zum Ausbruch des Befreiungskampfes unter Simón Bolívar beitrug. „Kolumbien gibt es nicht", sagt Gómez, und in den „Glossen" heißt es: „Das Grundproblem jeder ehemaligen Kolonie: das Problem der intellektuellen Hörigkeit, der dürftigen Tradition, der subalternen Geistigkeit, der inauthentischen Zivilisation, der zwangsläufigen und verschämten Nachahmung, löste sich für mich auf äußerst einfache Weise: der Katholizismus ist meine Heimat."

Was es mit dieser Heimat auf sich hat, wird oft herausfordernd widersprüchlich kommentiert. Schon Metternich hat in einem Brief an Donoso Cortés festgestellt, daß das Wort „Katholizismus" eine andere, weitreichendere Bedeutung hat als der Ausdruck „katholische Kirche".

Und der Zerfall der hierarchischen und sakramentalen Kirche nach dem II. Vatikanischen Konzil hat es noch schwieriger gemacht, den Ort eines traditionsfesten Katholiken zu bestimmen. „Ich bin ein demütiger Katholik", sagt Gómez Dávila über sich und kann bei modernen Oberhirten, die gern vom „mündigen Christen" reden, damit nur Verlegenheit auslösen. „Die Kirche stirbt", fährt er mit gesenktem Kopf fort, „wir müssen mit Gott allein sein. Das Gebet ist die einzig intelligente Tat."

Biographisch war es jedenfalls zunächst Frankreich, das Gómez als jungen Mann prägte, so daß er heute noch sagt: „Frankreich hat mich gemacht." Im Jahre 1919 brachte der Vater, ein Haciendero, Bankier und Inhaber eines großen Teppichgeschäfts, seinen sechsjährigen Sohn nach Paris. Zum Reisegepäck gehörten schon damals zwei Bücherkisten: Lieblingslektüre waren eine „Ilias" und ein Buch über Karl den Großen. Eine niemals diagnostizierte Krankheit ersparte dem Kind den Besuch einer öffentlichen Schule. Der Vater engagierte Altphilologen und Philosophen für den Privatunterricht. Mit zwanzig Jahren verließ Gómez Dávila Europa und betrat es erst nach dem Zweiten Weltkrieg während einer Reise wieder.

Man müßte für den Reiz kostbarer alter Bücher völlig unempfindlich sein, um nicht das Kraftfeld in der Bibliothek des Nicolás Gómez Dávila zu spüren. Die kleinen Fenster lassen nur gebrochenes Tageslicht einfallen, auf dem blau-roten Teppich sind, symmetrisch wie Schildwachen, Ledersessel aufgestellt, vor der verschlossenen Kaminöffnung steht ein Gasöfchen. Und vom Boden bis zur Decke reihen sich in Pergament, Schweinsleder und rotem Saffian die schönsten Drucke aus Venedig, Amsterdam und Paris. Ein Wiener Buchhändler, der vor sechzig Jahren nach Bogotá gekommen ist, hat beim Sammeln große Hilfe geleistet, erzählt Gómez Dávila.

Für den deutschen Besucher ist es verblüffend zu sehen, wie der alte Mann zunächst verständnislos blickt, als die Namen Ernst Jünger und Justus Möser erwähnt werden, dann aber, als ihm ein Freund die Stichworte „Stahlgewitter" und „Osnabrück" zuruft, auf die im Dunkel stehenden Gesamtausgaben beider Schriftsteller weist. Die Aufmerksamkeit für Justus Möser ist kein Zufall. Gómez, der Deutsch gelernt hat, um Goethe und Nietzsche, Burckhardt und Heidegger lesen zu können, und der in seinen „Glossen" die Finessen deutscher wissenschaftlicher Prosa des 19. Jahrhunderts beschreibt, hält für Möser einen der höchsten Ehrentitel bereit, die er zu vergeben hat: Er nennt diesen Feind des barocken Absolutismus den „ersten Reaktionär der neueren Geschichte".

Der unvorbereitete Leser muß bei diesem Lob stutzen. Offenbar wird der Begriff „Reaktionär" hier nicht im Sinne der üblichen politischen Terminologie gebraucht. Zum poetischen Charakter dieses Aphoristikers gehört es, seinen Gedanken ein Psychogramm des Denkenden einzuflechten, damit sie nicht als vom Himmel gefallene Behauptungen, sondern als Regungen eines lebenden Wesens erscheinen. Die Frage „Wer spricht?" beantwortet Gómez Dávila, wenn er nicht „ich" sagt, häufig mit „der Reaktionär". „Ich habe diesen Begriff gewählt, weil er bei keiner Partei Prestige genießt." Vor allem will er kein Konservativer sein: „Ein Reaktionär wird nur zu solchen Zeiten ein Konservativer, in denen es etwas zu bewahren gibt", und „Die Konservativen der Gegenwart sind nichts anderes als von der Demokratie mißhandelte Liberale".

Weil der „Reaktionär" seine Gegner nicht ausgelöscht sehen will, sondern vielmehr die geheime Ordnung, die allen Geschöpfen innewohnt, sichtbar machen möchte, kann es für seine Gegenfigur, den „Demokraten", heißen: „Die höchste Weisheit des Reaktionäres bestünde darin, selbst für den Demokraten noch einen Platz zu finden."

Wer solche Sätze aus dem kunstvollen Geflecht der „Glossen"-Bände herauslöst, um sie als Solitäre wirken zu lassen oder mit ihnen zu schockieren, der läuft Gefahr, damit zwar Faszination oder Empörung zu wecken, nicht aber ein zutreffendes Bild zu vermitteln von „diesem eifersüchtig im Schatten gehaltenen Territorium", wie der Romancier Alvaro Mutis das Werk von Gómez Dávila genannt hat. Bei dessen „Glossen" handelt es sich weniger um eine in aphoristischen Paradoxa vorgetragene Lehre als um ein Kunstwerk, eine „pointillistische Komposition", wie der Autor selbst sagt. „Gegen die heutige Welt konspiriert wirksam nur, wer insgeheim die Bewunderung der Schönheit verbreitet." Eine Schönheit der knappsten Mittel, „das Beschreiben einer Kurve mit so wenigen Tangenten als möglich", das ist das Ziel seiner Arbeit am Text. Den einzelnen Sentenzen liegen oft lange Essays zugrunde, in denen der Gedanke geboren wurde und die dann in immer neuem Überdenken langsam auf einen oder zwei Sätze reduziert worden sind, so wie ein Weinbrenner einen Tropfen Alkohol gewinnt.

In einer Umgebung, in der man einander durchaus gelegentlich umbringt, niemals aber auf den Einfall käme, den intellektuellen Feind zu ächten und die *damnatio memoriae* über ihn zu verhängen, wird eine solche Anstrengung auch dann bewundert, wenn das Ergebnis beunruhigt oder gar erzürnt. Garcia Márquez, der Gómez Dávila mit großem Respekt betrachtet, hat gesagt: „Wenn ich kein Kommunist wäre, dann dächte ich vollständig wie Gómez Dávila."

„Der Schriftsteller, der seine Sätze nicht gefoltert hat, foltert den Leser" oder „Der Satz muß die Härte des Steins und das Zittern des Zweiges haben", das sind weniger Forderungen an andere Schriftsteller als Beschreibungen der eigenen Arbeit. Bezeichnend ist gewiß, daß nicht Philosophen im engeren Sinne die Entstehung der „Glossen" gefördert haben. In ihrer formalen Eleganz spiegeln sich vielmehr die Weltklugheit eines Baltasar Gracián, das Wissen Baudelaires von Sündenschuld und Hölle und die stoische Selbstüberwindung Mark Aurels.

Ein Priester, ein Dichter und ein Soldat, in deren Werk die Philosophie sich eng mit der Religion und der Literatur verbunden hat, sind die Geistesverwandten des Nicolás Gómez Dávila, der in seinem langen Leben keinen dieser Berufe, ja überhaupt keinen Beruf ausgeübt hat. Den Gast empfängt er auf demselben mit orientalischem Teppichstoff bezogenen Sessel, auf dem er als junger Mann schon saß, wenn er nach dem Abendessen seine Freunde bei sich begrüßte. Bei diesen Gelegenheiten habe er sich gern Klatsch erzählen lassen; auch hierin gleicht er den großen Aphoristikern der Vergangenheit, deren Sentenzen oft wie die

psychologisch-abstrakte Konklusion eines skandalösen oder lächerlichen Vorfalls wirken. Überhaupt ist er dem mondänen Leben – im Kolonialformat von Bogotá – nicht aus dem Weg gegangen. Lange Zeit war Gómez Präsident des nach Pariser Vorbild geführten Jockey-Club, der die alte Oberschicht des Landes versammelt und noch niemals eine politische Veranstaltung in seinen Mauern zugelassen hat. Auch das steife Bein des alten Mannes hat chevalereske Ursachen: sein Pferd ging durch, als Gómez sich den Poncho über den Kopf gezogen hatte, um sich im Windschutz eine Zigarre anzuzünden.
Zu den Glücksumständen seines Lebens rechnet Gómez Dávila das lange Leben seines Vaters; auf diese Weise habe er das ererbte Vermögen, ohne sich selbst mit dessen Verwaltung befassen zu müssen, unmittelbar den eigenen, bereits herangewachsenen Söhnen übergeben können. „Die Kultur wird niemals die Muße des Arbeitenden ausfüllen, da sie nur die Arbeit des Müßiggängers ist" – und dieser Müßiggänger nahm seine Arbeit zu ernst, als daß er sich von ihr hätte weglocken lassen.
Nach den Jahren des Bürgerkriegs und der Diktatur, die 1948 begonnen hat und in Wahrheit nie wirklich zu Ende ging, wurden ihm das Amt des Staatspräsidenten und später noch Botschafterposten in London und Paris angeboten. Aber diese Ehren konnten ihn nicht locken. „Die Politik ist die Kunst des Möglichen. Deshalb ist sie in gewissen Epochen nicht von Interesse."
Seine Freunde atmeten auf: Gómez Dávila wäre mit Sicherheit ein schlechter Präsident geworden, sagen sie heute; die Gesetze demokratischer Rhetorik und des demokratischen „Do ut des" habe er zwar sehr wohl beschrieben; aber nie hätte er sie anwenden können. In der Halle des Hauses hängt das Porträt eines Mannes in schwarzer Kutte:
Don José Solis Folch de Caradona, Vizekönig von Neu Granada, ein besonders beliebter und tüchtiger Regent, der nach achtjähriger Herrschaft in seiner Galakarrosse und seinen Staatsgewändern, in denen ihn der Kolonialbarockmaler Gutierrez gemalt hat, bei einem Franziskanerkloster vorfuhr, um dort die Gelübde als demütiger Laienbruder abzulegen.
Dieser Mann verkörpert gewiß jene Version des Philosophenkönigs, die Gómez Dávila am meisten zusagt.
Der „Heilige" Graciáns beeinflußte souverän die höfische Gesellschaft seiner Zeit, der „Dandy" Baudelaires stieß den optimistisch liberalen Spießer vor den Kopf, der „Reaktionär" des Gómez Dávila zieht es vor, unsichtbar zu sein. Seine Gegenwart

ist der Ort, an dem alle großen Werke der Literatur gleichzeitig miteinander leben und eine Ordnung bilden, die sich durch jedes neue Werk verändert und vervollkommnet. Dieser „Reaktionär" blickt nicht nur auf das eigene Jahrhundert. Er sieht, daß Vergil sich als Schüler Homers betrachtete und Dante Vergils Schüler sein wollte, daß also der Puls säkularer Dichtung im Jahrtausendrhythmus schlagen kann.

„Der Demokrat erstarrt, wenn er von der ungewöhnlichen Koalition erfährt, die ihn bedroht; wenn er entdeckt, daß die Klassik des Sophokles sich mit der Romantik Kierkegaards verbündet hat, um ihn zu verurteilen; wenn er bei diesem Unterfangen den bischöflichen Pomp Bossuets mit dem dionysischen Atheismus Nietzsches paktieren sieht." Ungewöhnliche Koalitionen sind ein Grundmotiv im Gedankenleben von Gómez. Es scheint für ihn besonders reizvoll zu sein, in erklärten Feinden geheime Verbündete zu entdecken. Der spanische Katholik Gómez Dávila hütet deshalb ehrfurchtsvoll die russische Originalausgabe der Werke Konstantin Leontjevs, den er entgegen seiner Gewohnheit nur aus Übersetzungen kennt. Über den kyrillisch gesetzten Namenszug dieses russisch-orthodoxen „Eurasiers", der aber auch ein Kritiker des westlichen Liberalismus war, hat Gómez ein berühmtes lateinisches Zitat von Petrarca gesetzt. Petrarca, der nicht Griechisch konnte, schrieb über seine griechische Homer-Ausgabe: „Ich freue mich an dem bloßen Anblick des Buches, drücke es oft an mein Herz und seufze: Du großer Mann, wie begierig hätte ich dir zugehört!" Ein solch liebevoller Umgang mit dem gedruckten Wort beweist, daß Bücher für ihren Liebhaber lebendiger sein können als Menschen – wenn es dem Schriftsteller gelingt, sein Lebendigstes in sie zu legen. Aus dem im Staub seiner Bibliothek vergrabenen, weltabgewandten „Aggregator librorum multorum" wird so der neugierige Flaneur auf einer sonnenbeschienenen, von vielen Stimmen erfüllten Agora.

Es ist unmöglich, ein Werk, das häufig nur aus Fragen und Antworten auf diese Stimmen zu bestehen scheint, in die kurzen Merksätze einer Doktrin einzufangen. Gómez Dávila tut alles, um den nach theoretischer Quintessenz Verlangenden zu düpieren. „Angewidert davon, immer nur den bequemen Abhang der gewagten Meinungen hinunterzugleiten, dringt der Verstand schließlich in die unwegsamen Regionen der Gemeinplätze vor." Damit ist jedes Originalitätsstreben brüskiert. Aber geht es Gómez wirklich um den Gemeinplatz als Ziel seines Denkens?

Geht es ihm überhaupt um einzelne Gedanken und nicht vielmehr um eine hierarchische Ordnung des Denkens? Der Rang eines Gedankens scheint ihm wichtiger als die Frage nach Gut oder Böse, Wahr oder Falsch, Schön oder Häßlich. Welcher Maßstab aber liegt diesen Rangzuweisungen zugrunde?
T. S. Eliot hat in einem Essay über Dantes heute unzugänglichstes Werk „La vita nuova" einen Ausdruck geprägt, der den Hintergrund der „Glossen" am einfachsten bezeichnet. „La vita nuova" zähle zwar zur Visionsliteratur, enthalte jedoch einen antiromantischen, praktischen Wirklichkeitssinn: Nicht mehr vom Leben erwarten, als es geben kann, nicht mehr von menschlichen Wesen, als sie geben können; auf den Tod schauen um dessentwillen, was das Leben nicht geben kann. Diese innere Haltung der „Vita nuova" nennt Eliot „die katholische Philosophie der Desillusionierung".
Könnte das nicht der Untertitel zu den „Glossen"-Bänden des Gómez Dávila sein?
Dem Autor hat dieser Gedanke gefallen. Er war nach schweren Krankheitsjahren verstummt; ein Freund schreibt, daß „Don Nicolás nun zu seinem eigenen Hauptgesprächspartner geworden" sei. Es ging aber nichts Erloschenes von ihm aus, seine Gegenwart wirkte vielmehr wie ein alter, firne, essenzgewordener Wein, ernüchternd und berauschend zu gleicher Zeit. Wenn er nun manchmal mit der Antwort zögerte, dann war es, als ob eine Überfülle der Assoziationen ihn daran hindere, sich für eine einzige Option zu entscheiden. Was sein Staunen noch zu erregen vermochte, war die Aufnahme seines Werks in Deutschland: dem Land des Daueraufstands gegen die römische Zivilisation, dem Geburtsland der Ideologien, dem amerikanischsten Land Europas, aber auch das Land, dessen Kaiser als Photographie über dem Kinderbett Gómez' gehangen hatte. Gómez erklärte, Deutschland immer geliebt zu haben, und er schwieg höflich zu dem Versuch, das deutsche Interesse an seinem Werk zu erklären; es fühle gelegentlich am besten, was ihm helfe. Als ihn kurz vor seinem Tod noch zustimmende Zeilen Ernst Jüngers erreichten, war es, als ob sich ein Motivkreis dieses Lebens geschlossen habe.
Nicolás Gómez Dávila ist am 17. Mai 1994 in Santafé de Bogotá gestorben.

KAROLINGER

Nicolás Gómez Dávila
AUF VERLORENEM POSTEN
Neue Scholien zu einem inbegriffenen Text

Mit einem Aufsatz von Franciso Pizano de Brizard
272 Seiten, Ln. mit Schutzumschlag

ISBN 3-85418-053-5

Der Autor: „Dávila ist Kolumbianer, ein Privatgelehrter, der den größten Teil seines Lebens der Lektüre und dem Denken gewidmet hat: ... gebildeter als alle Europäer" (R. Maurer in *Philosoph. Rundschau*). Sein Name ist seit wenigen Jahren zu einem Codebegriff für wenige, aber wichtige Europäer, geworden.

Zum Buch: Nach dem Erfolg des ersten auf Deutsch erschienenen Buches von Dávila *„Einsamkeiten"* in unserem Verlag, erscheint nun das zweite Hauptwerk des großen Denkers. Eine Kette von blitzenden, harten, unversöhnlichen Aphorismen dieses Reaktionärs gegen die Modernität, der keiner politischen Richtung zuordenbar ist. „... in dieser Fiktion gründen auch die zahlreichen Widersprüche, mit denen Dávila den flüchtigen Leser verwirrt, die sich aber bei tieferem Eindringen aufheben, wenn nämlich hinter den Gedanken das leidende, leidenschaftliche, todesmutig denkende Ich sichtbar wird... Dávila hat nichts dazu getan, sich ein breiteres Publikum zu verschaffen. Sein Wiener Verlag aber sollte sich ermutigt fühlen, bald in einer vollständigen Ausgabe die Erforschung des bis jetzt noch unbekannten Kontinents Nicolás Gómez Dávila zu ermöglichen" schreibt M. Mosebach im *Jahrbuch der Internationalen Schopenhauer-Vereinigung.*

Nicolás Gómez Dávila
EINSAMKEITEN

ISBN 3-85418-034-9

Eine umfassende Auswahl aus den Escolios, die den Autor zum ersten Mal dem europäischen Publikum zugänglich machte. „Auch ein Autor, der den Nobelpreis verdiente, wenn er ihn auch niemals erhalten wird..."
(Günther Krauss)

WIEN – LEIPZIG